商战兵法

——用《孙子兵法》谋略　赢“一带一路”商战

王法德　著

中国财经出版传媒集团
中国财政经济出版社

图书在版编目（CIP）数据

商战兵法：用《孙子兵法》谋略　赢“一带一路”商战/王法德著. —北京：中国财政经济出版社，2017.11
ISBN 978 - 7 - 5095 - 7771 - 4

Ⅰ.①商…　Ⅱ.①王…　Ⅲ.①《孙子兵法》- 应用 - 商业经营
Ⅳ.①F713

中国版本图书馆 CIP 数据核字（2017）第 244187 号

责任编辑：翟永庆　　　　责任校对：徐艳丽
封面设计：陈宇琰

中国财政经济出版社 出版
URL：http：//www.cfeph.cn
E - mail：cfeph @ cfeph.cn

社址：北京市海淀区阜成路甲 28 号　邮政编码：100142
营销中心电话：88190406　北京财经书店电话：64033436　84041336
北京富生印刷厂印刷　各地新华书店经销
787 × 1092 毫米　16 开　16.5 印张　198 000 字
2017 年 11 月第 1 版　2018 年 1 月北京第 2 次印刷
定价：48.00 元
ISBN 978 - 7 - 5095 - 7771 - 4
（图书出现印装问题，本社负责调换）
本社质量投诉电话：010 - 88190744
打击盗版举报热线：010 - 88190414　QQ：447268889

序

王法德博士的新作《商战兵法——用〈孙子兵法〉谋略 赢“一带一路”商战》一书面世，这是以独特视角、独有经验、独到观点写出的一本关于“一带一路”的奇书。

这本书既是研究《孙子兵法》的理论著作，又是指导“一带一路”经贸实践操作指导著作。《孙子》十三篇，为中外兵家最为推崇的战略理论著作，后人从多种角度进行过解读，而从企业在“一带一路”商战角度解析和诠释这部兵书的，这还是第一部。

作者王法德，山东临朐人，自幼浸染齐鲁文化，本科毕业于曲阜师范大学数学系，后在首都经贸大学会计学院、清华大学五道口金融学院深造，获经济学硕士、金融学博士。现任中国进出口银行宁波分行党委书记、行长。

作者既有深厚的学术修养，更有丰富的海外实战经验。2007年5月，王法德博士到中国进出口银行东南非代表处任首席代表，业务辖区涉及非洲25个国家，在非洲工作的3年里，与同事们一起撰写了170余万字调研报告，并形成了《非洲25国国别分析报告》，该报告目前仍是对非业务的重要参考资料。

作者的理论不是在键盘上写出来的，而是在“一带一路”上做出来的。2010年6月，作者从代表处调回总行优贷部，负责开展亚洲、非洲“两优”贷款工作。针对亚洲、非洲大部分国家财政还款能力弱的情况，与同事们一起，开拓创新，探索了“两优”支持有经济效益的项目，并用项目经济效益还款的新模式，极大地推动了“一带一路”项目的具体实施。

作者是学者型专家。他勤于思考，善于总结，为国家有关部门写了大量政策建议，得到了高度重视和采用。还出版了《股份制企业会计实务》、《职工医疗保险基金财务会计制度讲解》，主持或参与编撰《企业财务制度讲座》、《职工医疗保障制度》。在国内一级刊物上发表论文20余篇，包括《论我国养老保险制度改革》、《养老保险基金的筹与投》、《关于对非援助内生性的理论思考》、《“两优”贷款与PPP融资模式结合的几点思考》、《经济增长影响因素分析及对国别风险研判的启示》等。十几年来，先后为首都经贸大学等学校研究生讲授企业财务会计、金融证券研究、金融支持与企业“走出去”等十几门课程。同时兼任清华大学经济外交研究中心研究员。

我是三年前因请教作者“一带一路”海外发展实践时认识王法德博士的，非常欣赏他的理论功底和实战经验，尤其被他的勤奋、务实、客观、中肯的见解所折服。

一带一路，有人干，有人写。这本书，是干的人写的，是用血汗写就的，运笔不俗，尽是浓缩的干货。

是为序。

何茂春

2017年7月4日凌晨于清华园

目　录

下篇　商战理论与实践

导论

功由才成　业由德广

——论《孙子兵法》中的为将之道

孙子在公元前五百年通过伍子胥介绍认识吴王阖闾，并向吴王阖闾呈述了孙子兵法十三篇，比较系统地陈述了他的军事思想，目的是向吴王介绍他灭楚的办法。因为楚国作为吴国的邻国，又是死对头，两国打了七十年战争，吴国相对楚国比较弱小，因此吴国不胜其扰。如何打败楚国，一直是历代吴国国君梦寐以求的事。

《孙子兵法》统篇都是围绕如何用兵展开的，用兵的主人公自然是将帅。因此《孙子兵法》就是告诉为将者，如何用兵；告诉国王，如何选将、如何用将；将帅应该如何有德有威、有勇有谋，如何处理好君主与将帅的关系。

一、将帅是胜利的核心

《孙子兵法》在第一篇计篇论述五事七计中，即把将作为五事之一，道、天、地、将、法。将者，智、信、仁、勇、严也。在七计中，又把“将孰有能”作为比较敌我双方力量最重要的考量因素。在第二篇作战篇中又指出“知兵之将，民之司命。国家安危之主也”，即懂得用兵的将帅，是掌握老百姓生死和国家安危存亡的主宰。

《孙子兵法》第三篇谋攻篇中，讲述“将者，国之辅也，辅周则国必强，辅隙则国必弱”，将帅是国家的支柱，将帅武德周备，国势必强，如果德才不全，国家必衰败。

企业“走出去”面临着异常复杂的局面，需要将帅有很高的决策水平，又加上身居海外，许多情况下需要临机决断，独立做出决策，要求更高。

商场如战场，商战如兵战，如何谋篇布局，排兵布阵，在激烈的竞争中胜出或立于不败之地，很大程度上依赖于前方团队的管理者们了解前方情况，并与时俱进做出决策，因此，建立一支好的领导班子，班子成员之间取长补短，协同工作，在竞争和业务发展中，带好队伍、培养人才，不仅关系海外业务的健康发展，而且关系整个公司的人心向背，关系公司的生死存亡。

二、将帅的“五德”与“五危”

《孙子兵法》在第一篇计篇中，提出了将帅的“五德”，也就是合格将帅的五个标准，或者说五个要求，智、信、仁、勇、严。在第八篇九变篇，又指出将有五危：必死可杀、必生可虏，忿速可侮，廉洁可辱，爱民可烦。这五危出现，是将帅的过错，也是用兵的灾难。军队覆灭，将帅被杀，必定由“五危”引起，不可不详加体察。

（一）力具“智信仁勇严”

第一，智，即智慧，智谋。将帅既要有扎实的专业知识，又要有较好的沟通协调能力，用现代话说，既要智商高，又要情商高。

企业“走出去”，走向国际市场，必将在某一或某几个业务领域发展，这首先要求作为前方团队的领导人，要有扎实的专业功底，较高的理论水平，还要有出色的谈判能力和丰富的海外工作经验，特别是项目管理经验。如果业务不精、会谈不懂，与人沟通协调能力差，不仅与业主或竞争对手的接洽中，让自己甘拜下风，影响企业的形象和能力，而且前方团队内部的下属也不服气，带不好队伍。

第二，信，信用，重诺守信，一诺千金。人无信不立。作为前方团队的掌舵人，一定不能轻诺寡信，说话不算数，甚至背信弃义。不仅在内部管理中，对待下属要说一不二，而且对待业主和合作伙伴也要说到做到，言必信、行必果。

第三，仁，仁爱。仁者爱人，要有同情心，要善于理解别人，想别人之所想，急他人之所急。不仅对待下属要有仁爱之心，对待外国人，包括外籍员工也要尊重人家，一视同仁，不能颐指气使、为所欲为，要以理服人，以德动人，以情感人。

第四，勇，勇敢，勇于担当，奋勇向前，勇挑重担。吃苦在前、享受在后、率先垂范，尤其在遇到问题时，不扯皮、不诿责，勇于承担责任。

第五，严，严格、严肃，赏罚分明，严肃纪律，严格制度。公正对待每一个人、每一件事，不搞亲、疏、卿、我。

孤立地看“智、信、仁、勇、严”单个字，似乎做到没有那么困难。但综合起来，做到“五德”却没有那么容易，因为做到“智”的人，往往不“勇”；做到“勇”的人，往往不“仁”；做到“仁”的人，往往不“严”。明朝史可法说，专任智则贼，固守信则愚，惟施仁则懦，纯恃勇则暴，一予严则残。要“五德”俱备，实属不易。

（二）力戒“五危”

为将者，既要坚持原则，又要有一定灵活性，不能“一根筋”。做到随机应变，不仅关系为将者自身事业的发展，更重要的是影响公司“走出去”的步伐和业务开拓，甚至关系企业的生死存亡。

第一，只知死拼，没有灵活性，就可能陷入死亡的境地。

第二，贪生怕死，临阵畏惧，就可能被人所擒。

第三，性子急躁，易暴易怒，就可能受不了凌辱，而贸然采取行动，造成对事业不利的后果。

第四，廉洁好名，就可能经不起诽谤，被对手利用，坏了大事。

第五，慈众爱民，妇人之仁，拖泥带水，优柔寡断，瞻前顾后，当断不断，可能丧失机会。

因此，企业前方团队的管理人员，尤其是主要负责人，一定要不断陶冶情操、完善人格、多谋善断、坚忍不拔、放眼全局。不被一时之利所迷惑，不被一事之害所困扰。

三、善于观察研究，力求“先知”

没有调查研究，就没有发言权。你知道多少，你就得到多少。毛泽东同志说：“指挥员的正确部署来源于正确的决心，正确的决心来源于正确的判断。正确的判断来源于周到的和必要的侦查，和对于各种侦查材料的联贯起来的思索。”① 企业“走出去”的目标就是为了开拓业务、争取项目、谋得先机、壮大自己。可是如何实现这一目的呢？首要之务就是从调研做起。切忌：情况不明决心大，方法不对点子多。战争如此，商战亦如此。每一个打胜仗的将帅都是了解战事情况的典范。商战中，能拿到项目，占领商机、先机，每一位前方团队的指挥员，也应成为调查研究、了解情况的典范。

（一）经五事、校七计，比较分析我方与对手

《孙子兵法》中讲到“兵者，国之大事，死生之地，存亡之道，不可不察也”。企业“走出去”也是企业的大事，关系企业的生死存亡，不能不详加分析，认真研究。

《孙子兵法》从五事七计来分析敌我双方力量，企业“走出去”也要从主客观方面分析自己的实力，也是对企业“走出去”之前积蓄力量的具体目标要求。一是高举道义的旗帜，名不正则言不顺。得道多助、失道寡助。“走出去”的目标是合作发展、互利共赢，而

① 《毛泽东著作选编》中共中央党校出版社，2010年12月，第67页。

不是损人利己。二是对目标国家对手的情况把握的如何？尤其是对目标国客观情况的了解：是否有稳定的政局？是否具备完善的商业环境？商机如何？国家发展的重点领域是什么？市场竞争激烈程度如何？三是我方前方团队领导配备情况，班子是否团结？是否内部可以补足短板？是否有创新精神？四是队伍的战斗力、组织协调能力、部门设置、资源配备等是否符合工作的需要？

七计是从七个方面来诊断我方与对手的实力比较：主孰有道？将孰有能？天地孰得？法令孰行？兵众孰强？士卒孰练？赏罚孰明？其实这七个方面，也是对“五事”的比较。“走出去”的企业谁能有实力战胜对手，主要从是否正义，前方管理团队是否有才干，能否适应新的环境，是否有财力作保障，内部管理是否严格，团队战斗力是否强大等。

（二）由先知到先胜

《孙子兵法》中有七十多个“知”字，说明“知”也就是了解情况对占有先机取得胜利的极端重要性。在第三篇谋攻篇，讲了“知胜有五”，其中两者就是了解情况、掌握消息，“知可以战与不可以战者胜”，“识众寡之用者胜”；在第十三篇用间篇指出先知是成败的关键因素：“故明君贤将所以动而胜人，成功出于众者，先知也”，知道什么情况下可以作战，什么情况下不可以作战，能获得胜利；了解战役究竟要配置多少兵力能获得胜利，进一步指出“知彼知己，百战不殆”，全面、深刻、系统地了解敌我双方的实力状况是取胜的基本条件。我方不了解对方或不是很了解对方，对方也不十分了解我方，那还不是最坏的事情；最坏的事情是我方对对手不了解，而对手对我方十分了解，那就糟糕了。

孙子在第六篇虚实篇进一步指出了“知”的重要性。“故知战之地，知战之日，则可千里而会战”，否则，就不能会战，哪怕不是会战千里。胜可知，亦可为，前提就是“先知”。

为了真正了解情况，提高“先知”的效率，而不蛮干，《孙子兵法》又提出了四种探测虚实的方法：“策之而知得失之计，作之而知动静之理，形之而知死生之地，角之而知有余不足之处”，即：通过周密策划，以知得失利害；对对手的情况进行侦察，以求掌握其动态规律；使对手的部署暴露出来，以探求死生之地在何处；用小规模力量与对手较量，以探明对手的强弱众寡。

除了知敌我双方力量对比外，《孙子兵法》在第十篇地形篇中，还着重指出了知地形的重要性：“知吾卒之可以击，而不知敌之不可击，胜之半也；知敌之可击，而不知吾卒之不可以击，胜之半也；知敌之可击，而吾卒之可以击，而不知地形之不可以战，胜之半也。故知兵者，动而不迷，举而不穷。故曰：知彼知己，胜乃不殆；知天知地，胜乃可全”，进一步论述了全面了解情况的重要性，不仅了解自己，还要了解对手；不仅了解敌我，还要了解客观情况，了解地形允许不允许战，能不能利用地形的有利条件而战，也就是说存在的客观条件对我方有利还是不利；我方是否能够充分利用有利条件。

作为“走出去”的企业，一定要先了解“走出去”目标国的政治经济文化方面的情况，了解行业发展情况，了解市场竞争情况，了解对手的优缺点，做到“先知”，然后再比较分析我方与对方的差距，有针对性地补足自己的短板。有准备、有把握之后，再对对手发起进攻。竞争项目，一定慎战，就像《孙子兵法》中所说的“非利不动，非得不用，非危不战。合于利而动，不合于利而止”。

在“先知”的基础上，做到“先胜”。创造条件、苦练内功、增强实力、消灭自己的弱点，以待对方暴露弱点，也就是不打无准备之仗。《孙子兵法》中多处强调不打无把握、无准备之仗。在第四篇形篇中讲到，“昔之善战者，先为不可胜，以待敌之可胜。守则不足，攻则有余”，“是故胜兵先胜而后求战，败兵先战而后求胜”，并指出先胜的办法是“修道而保法，故能为胜败之政”。对内要修明政治、严守法治，以增强实力，这样才能掌握战争胜负的决定权。

（三）因利而制权

就是懂得权变，因时、因地、因敌制宜，以收攻其不备、出其不意之效。

四、时时掌握商战主动权

《孙子兵法》核心要义之一，就是告诉将帅时时处处掌握战争主动权。第一篇计篇中指出战争有十二诡道“能而示之不能，用而示之不用，近而示之远，远而示之近。利而诱之，乱而取之，实而备之，强而避之，怒而挠之，卑而骄之，佚而劳之，亲而离之，攻其无备，出其不意”；在第三篇谋攻篇中，“敌则能战之，少则能逃之，不弱则能避之。故小敌之坚，大敌之擒也”，第四篇形篇“守则不足，攻则有余”，“立于不败之地，而不失敌之败也”等，都是告诉我们要掌握主动权。在第六篇虚实篇中，更是明确提出，“故善战者，致人而不致于人”，兵无常势、水无常形，“因敌变化而取胜”。要掌握主动权，就必须做到：“避实而击虚，以迂为直，以患为利”。

第一，胜兵先胜，“先为不可胜”。我方做好充分准备，补足短板，修道而保法，苦练内功，积蓄力量，使自己立于不败之地，有把握胜就要进攻，与对方竞争；没有把握，就要“强而避之”，“实而备之”，不可“先战而后求胜”。如果没有把握，没有准备就仓促应战，“多算胜，少算不胜”，失败的可能性很大，一旦失败，不仅有损失，也影响信心和士气，甚至一败涂地，以至于没有再战的机会了。

第二，“以正合，以奇胜”，出奇制胜，攻其不备，出其不意。比如提出一个完美的解决方案，急对方之所急，想对方之所想，帮助对方解决关键问题。或者找出对方手中方案的致命弱点等等。

第三，“避实击虚”，“出其所不趋，趋其所不意”，创新产品和商业模式或管理模式，使“人无我有，人有我优，人优我特”。在竞争相对薄弱的地区或领域，集中我方力量，以相对优势战胜对方，打开局面。

第四，“以迂为直，以患为利”，悬权而动。不能与对手死拼，打价格战。人在发达地区，我去不发达地区；人在城市，我去农村。后人发，先人至，以近待远，以逸待劳。

五、凡事两面看看，两面想想

前方团队千里会战，面临许多新问题、新情况，需要前方管理团队独立做出判断和决策。因此，必须具备辩证思维能力，遇事多进行利弊分析。

第一，“不尽知用兵之害者，则不能尽知用兵之利也”。一个项目，做还是不做，争还是不争，须谨慎决定。不做、不争不是最坏的。争了，争不到；做了，做不好，才是最坏的。因此，不能盲目出手。

第二，见微知著，防微杜渐。“乱生于治，怯生于勇，弱生于强”，要在顺利的时候想到不顺利，团队严整时心中容易产生骄傲自满情绪，项目进展顺利时，就应该想一想是不是有隐患；对手对我方示弱时，是不是一种假象，中间会不会有什么阴谋。

第三，智者之虑，杂于利害。在有利时，担心不利的一面，可以避免祸患；在不利时，想到有利的一面，可以增强信心，"三军可夺帅，匹夫不可夺志"，遇到挫败，不折不挠，坚韧不拔；取得战绩，不要沾沾自喜，自以为是，飘飘然。

六、爱兵如子，宽严相济

团队的力量强与弱，关键在于内部团结。内部团结搞好了，团队才有战斗力，才无往而不胜。团队的团结搞得好与否，关键在于团队领导。

（一）爱兵如子

企业"走出去"，前方团队成员远离祖国，远离亲人，且多为年轻人，无论心理年龄还是生理年龄一般都比较小，经验不足。作为团队领导，要"视卒如婴儿""视卒如爱子"，生活上无微不至的照顾，遇到困难，要提供力所能及的帮助；犯了错误，要春风化雨，润物无声，善于做思想政治工作，把问题谈深谈透，不能电闪雷鸣，狂风暴雨，动不动就罚。数赏数罚都是为将者窘困的表现。"卒未亲附而罚之则不服，不服则难用也"。

（二）纪律严明

仁，并不是说就不能严，"厚而不能使，爱而不能令，乱而不能治，譬如骄子，不可用也"。该奖就奖，该罚就罚，不姑息迁就，不搞下不为例。"卒已亲附而罚不行，则不可用"。

（三）静以幽，正以治

镇静自若，严正有序。舞龙在龙头，商战在领头，遇到问题，团队领导乱了分寸，其他人更是六神无主，要能文能武，能屈能伸，善于掌握人情世故，琢磨下属心理变化，有针对性地做好思想工作。

七、品德高尚，敢于负责

前方领导的人格魅力，对于带好队伍至关重要。要有人格魅力，必须陶冶情操，静以修身，俭以养德，把自己锻炼成品德高尚的人。

（一）进不求名，退不避罪

在心中装着公司利益、国家利益，而不是计较个人得失，甚至患得患失，斤斤计较。进不求名，做工作取得成绩，不是为了求得自己的名声；暂时放弃收缩战线，是“以迂为直，以患为利”，不是为了逃避罚责，不愿承担责任。总把国家和人民的利益放在心上，自己的行为都是为了维护企业利益最大化。进不求名，退不避罪，唯人是保。无智名，无勇功，这样的人是公司最宝贵的财富。

“行胜于言”，你做得正，率先垂范，榜样的力量是无穷的；“桃李不言，下自成蹊”，身教重于言教。如果自身行得不正，做得不好，说教再多，也没有用。

“战道必胜，主曰无战，必战可也；战道不胜，主曰必战，无战可也”，“君命有所不受”，敢于仗义执言，敢于坚持原则。不唯上，不唯书，只唯实，一切从实际出发，从实现公司利益最大化目标出发，而不是对公司总部的意见唯命是从，照搬照抄照转。

（二）求之于势，不责于人

善于因势利导，以势取胜，有实力、求势力，事先规划、评估，"计利以听，乃为之势，以佐其外"，"先胜而后求战"，造成胜利的势头，而不是"先战而后求胜"，盲目决策，盲目出手。失败了再责备他人，甚至找"替罪羊"。这样做，不但于事无补，也会导致下属不服，挫伤团队的积极性，损伤团队战斗力。

八、总部充分授权、放权

《孙子兵法》第三篇谋攻篇中，对授权、放权这种情况及其危害性专门作了详细描述："故君之所以患于军者三：不知军之不可以进而谓之进，不知军之不可以退而谓之退，是谓縻军；不知三军之事而同三军之政，则军士惑矣；不知三军之权而同三军之任，则军士疑矣。三军既惑且疑，则诸侯之难至矣。是谓乱军引胜"，并且把"将能而君不御者胜"作为五个"知胜之道"之一。因此，《孙子兵法》指出"战道必胜，主曰无战，必战可也；战道不胜，主曰必战，无战可也"。

从理论上讲，谁拥有信息，谁掌握情况，谁就拥有真理。让听得见炮声的人决策。国外市场情况复杂，瞬息万变，由于信息不对称，总部很难随时了解最新情况。因此，总部做出的决策，不一定完全符合前方的实际情况，按照"谁能控制风险，风险就由谁控制"的原则，总部主要职责是定战略、建班子、管监督，对前方管理团队要有充分授权、充分相信前方管理团队的能力和水平，充分调动前方管理团队善于决策、敢于决策的积极性。

九、林彪如何当好师长[①]

林彪善思、善战，由智生勇。从带兵伊始，就带主力部队，他当连长的连队是全团战斗力最强的连，当营长的营是全团最过硬的营，带的团是红四军的头等主力团。1936年12月，林彪讲述“怎样当好师长”，这对如何做好前方工作，带好“走出去”的团队有一定借鉴意义。

第一，要勤快，不勤快的人办不好事情，当不好指挥员。应该自己干的事情一定亲自过问、亲自动手。不了解情况，不了解地形，更谈不上制定预案。遇到紧急情况，即使平时再勇敢的指挥员，也束手无策，只好三十六计走为上。打败仗常常是因为没有思想准备，没有组织准备。因此，指挥员要勤快，不要犯懒，不怕劳累，要多用脑子，做到心到、眼到、口到、脚到、手到，“凡事预则立，不预则废”。

第二，要摸清上级的意图。对上级的意图要真正理解，真正融会贯通，真正认识自己所受领任务在战役、战斗全局中的地位和作用。只有这样，才能充分发挥自己的主观能动性。才能敢于和善于在新情况下找到新办法，具有创造性。指挥员的大勇建立在最高自觉性和正确理解上级意图的基础上面。

第三，要调查研究。对于战情、地形、部队的情况和社会情况，要做到心中有数。要天天摸，天天琢磨，不间断。表面看是重复，实际上不是重复，而是不断深化、不断提高的过程，是取得正确认识必不可少的手段。平时思考掌握的情况越多，越系统，在战时特别是在紧张复杂的情况下，就越沉着、越有办法，急中生智的智才

① 金一南．心胜．长江文艺出版社，2013年，第59－63页。

有基础。要经常阅读地图，熟读地图可以产生见解，产生智慧，产生办法，产生信心。把战场的地形情况与敌我双方的兵力部署都装到脑子里思考，做到闭上眼睛面前就有一幅鲜明的战场图影，离开地图也能指导作战。

第四，要把各方的问题想清、想透。每一次战役、战斗的组织，要让大家提出各种可能出现的问题，要让大家来找答案，而且要从最坏的、最严重的情况来找答案。把所有提出的问题都回答了，再没有问题了，这样，打起仗来才不会犯大错误。有问题，不能因为想不到答案就把它丢在一边，这样是很危险的。一次战役、战斗的过程，就是不断提出问题和不断回答问题的过程。

第五，要及时下定决心。指挥员必须以最大努力组织战役、战斗的准备工作，力求确有把握才动手，不打无把握之仗，但任何战斗都不会有百分之百的把握。不足的条件要充分发挥人为因素的作用，以主观努力来创造条件，化冒险性为创造性，取得胜利。

第六，要有一个很团结的班子。领导班子思想认识要一致，行动要协调合拍，要雷厉风行，都千方百计办好事情，完成任务，不互相扯皮、不互相干扰。

第七，要有一个很好的战斗作风。有好的战斗作风的部队才能打好仗、打胜仗。做工作也要有好的作风，说了就要做，一竿子插到底，一点不含糊，不做好不撒手。好的作风的养成关键在干部。干部的作风怎么样，部队的作风就会怎么样。因此，首先要抓好干部，要干部做出样子，影响带动部队。

第八，要重视政治，亲自做政治工作。部队战斗力的提高，要靠平时坚强的党的领导，坚强的政治工作。有了坚强的政治工作，就可以做到一呼百应、争先恐后、不怕牺牲、前赴后继。有了好的战斗作风，再加上过硬的作战本领，就如虎添翼，就可以无敌于天下。

上篇

兵法解读与应用

计 篇

一、兵法解读

（一）孙子曰：兵者，国之大事，死生之地，存亡之道，不可不察也。

译文：孙子说：战争是国家的大事，关系军民的生死，国家的存亡，不可以不详加体察，认真研究。

解析：企业想要成功地走到国际舞台上去，拿到项目，可以利用国内外两种资源、两个市场，对企业的发展具有重大意义。必须进行深入研究、分析，不能盲从。走得好，扬帆起航，异军突起；走不好，得不偿失，穷途末路。

（二）故经之以五事，校之以计，而索其情：一曰道，二曰天，三曰地，四曰将，五曰法。道者，令民与上同意，可与之死，可与之生，而不畏危也。天者，阴阳、寒暑、时制也。地者，高下、远近、险易、广狭、死生也。将者，智、信、仁、勇、严也。法者，曲制、官道、主用也。凡此五者，将莫不闻，知之者胜，不知者不胜。

故校之以计，而索其情。曰：主孰有道？将孰有能？天地孰得？法令孰行？兵众孰强？士卒孰练？赏罚孰明？吾以此知胜负矣。

译文：所以，要用五项（决定战争胜败的基本因素）为经，把对敌我双方的优劣条件的估计作比较，来探索战争胜负的情势：这些主要条件是一政治，二天时，三地利，四将帅，五法制。政治，是讲要使民众和君主的愿望一致，可以叫他们为君主死，为君主生，而不惧怕危险。天时，是讲昼夜、阴晴、寒冬、酷暑等气候季节情况。地利，是讲高山洼地、远途近路、险要平坦、广阔狭窄、死地生地等地形条件。为将者必须具备才智、诚信、仁慈、勇敢、威严等条件。法制，是讲部队的组织编制、指挥信号的规定，将吏的职责，粮道和军需军械的管理等的情况和制度（能否严格执行）。凡属这五方面的情况，将帅都不能不知道。凡了解这些情况的就能胜利，不了解的就不能胜利。

所以，要把敌我双方优劣条件的估计作比较，来探索战争胜负的情势。要看：哪一方君主的政治开明？哪一方将帅的指挥高明？哪一方天时地利有利？哪一方法令能贯彻执行？哪一方的武器装备精良？哪一方的兵卒训练有素？哪一方的赏罚公正严明？我们根据这些，就可以判断谁胜谁败了。

解析：企业走在"一带一路"上，要从五个大的方面对形势进行评估分析，制订战略。①高举道义旗帜，名正而言顺，合作共赢发展，弘义融利，亲诚惠容；②对公司来说，上下同心同德，众志成城，是取胜的重要保证。全才难找，班子成员配备优势互补，最大化其整体力量，像唐太宗时多谋的房玄龄和善断的杜如晦一样，同心济谋，各扬所长，配合无间，为贞观之治、盛唐伟业夯实了基础。③充分考虑客观条件限制，充分了解地理位置、国别风险、项目风险、市场风险、资产风险。④选好主将，知人善任，从智信仁勇严五个方面考察。⑤内部管理要制度严密，分工明确，遇到麻烦时，敢担当。

企业要具体从七个方面进行估计、比较，一是政治清明；二是指挥高明；三是天时地利；四是制度严密；五是经济充盈（财务实力强）；六是执行力好；七是激励机制。无论五事、七计，总把"道"放在第一位，高扬正义旗帜，得道多助，失道寡助，思想政治工作极为重要。

（三）将听吾计，用之必胜，留之；将不听吾计，用之必败，去之。

译文：如果能听从我的计谋，用我指挥作战，一定能胜利，就留在这里；如果不能听从我的计谋，虽用我指挥作战，一定会失败，就告辞而去。

解析：一定要把立场坚定，与公司战略保持一致，忘我奋斗，勇于开拓，善于创新的人放在主将岗位上。

（四）计利以听，乃为之势，以佐其外。势者，因利而制权也。

译文：分析利害条件，使意见被采纳，然后就造成有利的态势，作为外在的辅助条件。所谓"势"，就是利用有利的情况，而进行机动。

解析：对各种情况、各种方案进行认真分析比对，提出科学方案，报总部决策。说得清，道得明。善于说服，权变、权衡以形成有利态势，为战略的具体实施作好充分准备。

（五）兵者，诡道也。故能而示之不能，用而示之不用，近而示之远，远而示之近。利而诱之，乱而取之，实而备之，强而避之，怒而挠之，卑而骄之，佚而劳之，亲而离之。攻其无备，出其不意。此兵家之胜，不可先传也。

译文：用兵是一种讲究计谋的行为。所以，能打，装作不能打；

要打，装作不要打。要向近处，装作要向远处；要向远处，装作要向近处。给敌人以小利，去引诱它；迫使敌人混乱，然后攻取它。敌人力量充实，就要防备它；敌人兵力优势，就要避免决战。激怒敌人，却屈挠它；卑辞示弱，使敌人骄傲。敌人休整得好，要设法疲劳它；敌人内部和睦，要设法离间它。攻击敌人无备的地方，出乎敌人意外的行动。这是军事家取胜的奥妙，是根据随时变化的情况，临机应变，不能事先规定的。

解析：在具体战略实施中应讲究方法和谋略，示弱不等于藏拙，示形以迷惑对手，也给对手以虚假信息，减少我方的阻力。具体采取八种战法以实现目的，其中，利而诱之（代理费、中间费、让利），乱而取之（兼并、收购、挖人），实而备之（积蓄力量，从量变到质变），强而避之（不可硬拼），这些对企业开拓市场有重要指导意义。

（六）夫未战而庙算胜者，得算多也；未战而庙算者不胜者，得算少也。多算胜，少算不胜，而况于无算乎！吾以此观之，胜负见矣。

译文：凡是未开战之前预计可以打胜仗的，是因为胜利的条件充分；未开战之前预计不能打胜仗的，是因为胜利的条件不充分；条件充分的能胜利，条件不充分的不能胜利，何况毫无条件呢？我们根据这些来看，胜败就可以看出来。

解析：事先的调研十分重要，不能盲目地、想当然地仅凭一时热情，不详加考量、体察即做决策。事先的调研与分析，需要深入的而不是肤浅的，全面的而不是片面的，变动的而不是静止的（用发展眼光看问题），联系的而不是孤立的，去伪存真，去粗留精，由此及彼，由表及里，掌握事物（项目开拓、市场开拓）的规律性，并不断总结、提高，使公司水平和能力螺旋式上升，尤其要从失败中不断总结经验教训。

二、兵法应用

《孙子兵法》第一篇计篇不仅对敌我双方力量对比的方面、方法提出了总体思路和分析框架，也是全部篇章的总纲，后续十二篇主要围绕第一篇的中心思想而展开。本篇的中心思想也是《孙子兵法》的战略思想：先知、先算、先胜，同时要善战、慎战，这对企业走出去，赢得“一带一路”商战有重要的参考价值和指导意义。

（一）企业要高度重视“走出去”

“兵者，国之大事，死生之地，存亡之道，不可不察也”，首篇第一段即开门见山，开宗明义，指出了“兵者”对国家的极端重要性，以及“兵者”本身的极度危险性，因此必须详加体察，认真评估，深入研究思考。

一个企业可以看成一个王国——“企业王国”，甚至有人把全球著名企业称为“帝国”。企业走到“一带一路”上，到异域他乡占领市场、资源，与对手展开你死我活的竞争，是不见刀光剑影，不闻烈马嘶鸣的千里决战，这不仅关系企业的生死存亡，也关系国家和民族的战略利益。

境外的文化差异大，地理环境陌生，各种制度法规不熟悉，投资和经营决策面临着信息不对称，从而引起的道德风险和逆向选择的风险更大。

另一方面，企业走到“一带一路”上，又是做大做强的必然选择。面临国内市场的日趋饱和，产能过剩问题日渐突出，“浩渺行无极，扬帆但信风”，企业必须乘“一带一路”和非洲“三网一化”

的东风扬帆起航，才能赢得先机，实现迅猛发展。如何将企业“走出去”的必要性，变为可能性，实现企业“走出去”的战略目标，对企业来说是一个重大战略问题，既有无限商机，充满诱惑，又面临巨大风险，稍有不慎，会使企业的经营活动遇到极大困难，甚至陷入泥潭而不能自拔。因此，在企业“走出去”之前，就必须对企业走出去占领市场、开拓项目、实施项目的能力、水平，可能遇到的问题，面临的风险及应对策略认真调查研究，详加体察和判断，并制定预案。

（二）必须从战略层面进行比较、分析和评估：“五事”、“七计”

《孙子兵法》对未战之前，进行战争胜负的分析和判断提出了“五事”“七计”的分析框架，“五事”包括“道、天、地、将、法”，“道”既有本原、本质、规律的意思，也有道义、道德、仁义的含义，还包含政治清明、风气清正的意义，皆含自然规律和社会规律。“天、地”当然指自然条件、客观环境，“将、法”是指人与社会。因此，五事就是对人文、地理和人及其组织体系的全面概括。

对“走出去”的企业来说，能不能取得商战的胜利，也必须从五个大的方面进行战略上的规划、布局、部署。先知、先胜，而后求战。

1. 企业走出去必须高扬“道义”的旗帜。讲道义、重情义、守信义，目的是合作共赢，寓利于义。“得道多助，失道寡助”，名正才能言顺。企业“走出去”，不是为了掠夺对方的资源，占领对方市场，是为了把中国的技术、产品、设备、管理和资金优势用于帮助有关国家的发展上，用于促进目标国的经济发展和民生改善上。

“一带一路”和非洲“三网一化”，为企业“走出去”提供了新的机会，展现了企业“走出去”无限光明的前景，企业必须高扬和平、发展、合作、共赢的旗帜，为打造中国和亚洲国家、非洲国家的利益共同体、命运共同体而努力。只有在爱国的统一基点上，才能聚心积力，把企业所有的员工团结在一起，上下同欲、戮力同心，“可与之死，可与之生，而不畏危也”，同心同德，赴汤蹈火，在所不辞。

2. 企业“走出去”必须对所“走出去”的客观环境进行认真深入研究评估和分析。《孙子兵法》中的天和地主要是指战争发生地的气象环境和地理环境，也就是作战的客观环境。随着现代交通通讯设施的快速发展，自然条件及其变化情况对企业在境外开拓业务的影响越来越小，但企业“走出去”的客观环境对企业境外开拓业务的影响却十分巨大，比如目标国的历史文化、宗教、政治局势、社会环境、投资环境等投资、经营生态条件，对企业开拓海外市场的成败有决定性影响，必须对其进行周密的分析、研究。

3. 企业“走出去”成败在于将要有“五德”、戒“五危”。《孙子兵法》自始至终都把将帅放在决定战争胜负的最重要位置，提出了将要有“智、信、仁、勇、严”五德，又指出了“五危”是将帅的过错、用兵的灾难，覆军杀将，必因“必死、必生、忿速、廉洁、爱民”等五危导致的“直线思维”、不会变通，而归于失败。不能不引起极大注意。

“智、信、仁、勇、严”五德是衡量将帅是否称职的重要标准，也是考察企业“走出去”领军人物的重要标准，领军人物只有有德、有才、有勇、有谋，严慈相济，同时具有随机应变、当机立断的高超能力，才能适应海外市场环境的复杂变化，带好队伍、搞好业务。

4. 从七个方面对自己和对手的能力进行比较分析。《孙子兵法》从“主孰有道，将孰有能，天地孰得，法令孰行，兵众孰强，士卒孰练，赏罚孰明”七个方面对敌我双方力量进行科学评估分析，主有道、将有能、天地得、法令行、民众强、士卒练、赏罚明的一方胜，相对弱的一方失败。对“走出去”企业来说，选择哪一个国家、地区作为自己的目的地？选择哪一个行业作为进入行业？选择哪个项目作为竞争项目？都必须对敌我双方的力量从七个方面进行比较分析，谁的解决方案能切实为目标国家解决问题，谁能熟悉、适应目标国的投资、经营环境，谁的组织严密，制度完善，谁的经济财务实力强大，谁的团队训练有素、经验丰富，谁的组织内部赏罚严明、纪律性强，谁就能在开拓海外市场的搏杀中胜出。

5. 综合运用各种计谋，取得竞争胜利。《孙子兵法》不仅从战略上规划、比较敌我双方力量的五件大事、七个方面，而且从战术上提出了十二种方法，灵活运用自己的力量，以己之长攻敌之短，避实击虚，以收到出其不意、攻其不备之效，将自己的力量发挥到极致（造势）。商场如战场，商业竞争手段更加变化多端，甚至无所不用其极。只有有应对、有办法，才能在商战中立于不败之地。

（1）打好信息战。能而示之不能，用而示之不用，近而示之远，远而示之近，给对手以错误信号，做好信息保密工作，才能使对手作出错误判断。

（2）主动让利，舍小利，保大利。舍局部保全局，舍眼前保长远（当然眼前利小、长远利大），舍枝节，保根本。比如项目免费培训、免费维修保养，捐赠社会公益事业，免费增加功能，捐赠一些设备等，都是“利而诱之”的具体体现。

（3）强而避之，不可死拼。与竞争对手的对抗式比赛必须以实力为基础，没有实力，不可盲目打价格战，否则害人害己。项目拿到，也可能弄巧成拙，反而背上沉重包袱，赔了夫人又折兵。

（4）实而备之，苦练内功，迎头赶上。时刻查找自己的短板，认真向强者学习，不断积累力量，积蓄能量，壮大自己，以图将来。

搞好战略规划，对自己的能力，自身实力进行综合评估，对于竞争对手的力量进行全面的比较分析，选准走出去的目的地，选好走进去的行业领域，选准参与竞争的项目，胜算多的、有把握的，能充分发挥自身优势的、有利可图时就行动，反之则放弃，不盲目出发，不随意进入，不意气参与。

三、兵法案例

案例一　去中国还是去俄罗斯？[①]

兵者，国之大事，死生之地，存亡之道，不可不察也。故经之以五事，校之以计，而索其情。

企业走出本土进行投资，就跟用兵一样，要必须事先考虑周全。比如很多外资企业对来中国还是去俄罗斯发展举棋不定。一家美国公司最近与中国一家公司签订了一项合资协议，但同时也在考虑进入俄罗斯市场。那么，究竟如何抉择？孙子兵法告诉我们，应“经之以五事，校之以计，而索其情”，把双方的优劣条件细细比较之后再做决断。

在俄罗斯做生意的放心程度取决于你面对和处理风险的勇气和能力。俄罗斯的潜力巨大——不仅在提供机会方面，而且还在让人失望方面。也许，这一点与中国有些类似。但是，如果在两者之间做一个比较，俄罗斯的优势会显得少一些，同时，它还有很多明显

① （美）杰克·韦尔奇，苏西·韦尔奇．赢的答案．中信出版社，2013 年，第 12 – 15 页。

的劣势。

首先，与拥有十几亿人口的中国相比，俄罗斯1.4亿的人口只是中国的几分之一。中国的文化更崇尚创业精神。在强大的制造和科技实力的支持下，中国能够提供一个更具吸引力的出口基地。

不可否认的是，俄罗斯正在发生着某种经济变革。在过去的6年里，俄罗斯的GDP年平均增长率都在6%以上，这些增长的驱动因素是这个国家储量巨大的自然资源——木材、矿产，还有最重要的石油。

但是，如果将另外一些事实也考虑在内，你就会发现，俄罗斯的前景并不看好。比如，俄罗斯1/4的经济收入来源于地下，一些旨在推动平等竞争和透明运作的法律难以正常发挥效力。

多少年来，我们一直对纷繁复杂的规章制度深恶痛绝，认为它们是官僚主义的同义词。但是，对于国外投资者来说，当你在一个缺乏制度保障的国家里做生意的时候，你就会开始怀念那些“条条框框”。俄罗斯在解决违法乱纪问题上的措施非常不力，而中国政府在这个问题上的态度是积极的。

说到这里，简单提一下俄罗斯和中国在其他两个方面的比较。第一个方面是制造业。中国的制造业一片兴旺，而俄罗斯的工厂则较为破旧、落后。究其原因，就是因为俄罗斯缺少更新陈旧设备所需的巨额投资。第二个方面是社会阶层。俄罗斯应该是一个货币充足的国家——他们有储量巨大的石油，但是，俄罗斯的财富分配就像沙皇时代一样极不平衡——极少数人掌握着社会的绝大多数财富，而绝大多数人，尤其是那些在偏远地区的人，收入少得可怜。相比而言，中国的消费者基础在不断扩大，他们的购买力将越来越能够支撑一个良性的、可持续的经济发展。

中国和俄罗斯哪一个更具优势？显然，中国对外来投资的吸引力更大。第一，它的人口几乎是俄罗斯的10倍。第二，中国的文化更崇尚创业精神。与俄罗斯相比，在中国，踌躇满志、思维活跃、跃跃欲试，时刻准备一展抱负的人远远超过了俄罗斯。第三，在强大的制造和科技实力的支持下，中国能够提供一个更具吸引力的出口基地。第四，也许也是最重要的一点，就是中国高度重视那些未来发展前景看好的产业，例如电子产品、医疗仪器以及其他行业。而俄罗斯，除了石油和其他自然资源之外，它的主要产业就是机器制造和金属加工。可是这些产业大多已是明日黄花了。

对于中国来说，事实已经为投资中国的优势做出了充分的证明。面对当前的国际化市场，你必须开辟中国市场。俄罗斯的情况有所不同，虽然它的经济也在增长。不过，如果你有强大的资源做后盾，足以化解可能遇到的风险，何不大胆尝试一下呢？

案例二 开辟中国市场①

先谋而后动，因利而制权

一家卓有成就的加拿大公司的两个重要竞争对手前不久开始斥巨资开辟中国市场，虽然听说竞争对手的中国业务目前在亏损，但它总是担心当初没有走出去是不是犯了一个错误。

被誉为“全球第一CEO”的通用电气前董事长杰克·韦尔奇给了如下答案：

在一个全球化的世界里，规模是一个不容忽视的竞争利器，而这一利器恰好是中国能提供给你的，因为它拥有巨大的市场、成本

① （美）杰克·韦尔奇，苏茜·韦尔奇．赢的答案．中信出版社，2013年，第8－11页。

低廉的制造业、日趋强大的技术力量。所以，无怪乎世界各地的公司都不顾一切地蜂拥而去，抢占落脚点。你们那两个重要的竞争对手，可能也是出于这方面的考虑。

他们在进入中国的初期没有收到成效，这也不足为怪。大多数外国公司还没有摸清门道，不知道该如何开辟中国市场。但是，即使你的那两个竞争对手属于这种情况，你也不要以为就此可以高枕无忧了。因为他们一旦知道怎样利用中国市场赋予的潜在机会，他们的竞争力水平就会取得飞跃性的发展，从而将你远远地甩在身后。

所以，我们的第一个建议是，把你的疑虑、担心抛在一边，认真问自己几个问题：他们为什么要开拓中国市场？他们到底看中了什么？他们仅仅是看上了中国蕴藏的巨大市场，还是拥有一种可能深受中国人欢迎的新颖产品或服务？他们是看中了中国的制造成本优势，还是掌握了一种可以改变游戏规则的低成本、低投资的工艺流程？他们是掌握了一种技术，可以据此完善其产品功能或外观，使之更加吸引顾客，还是打算与亚洲公司建立合作伙伴关系，准备在适当的时机，将从你这里进口的产品返销回加拿大或销往其他国家？

在仔细回答这些问题的过程中，你必须始终坚持这一假设——你的竞争对手了解中国的某些优势，而你不了解。

即使后来的事实证明，这个假设根本不成立，你也要坚持这一假设。

如果你不知道怎样利用中国的规模效应来提升自己的实力、生产效率和利润，你去中国就没有意义。

请注意这个事实：因盲目在中国各地开辟市场而遭遇巨大损失的例子比比皆是。比如，有的公司进入中国，就是因为他们的两个重要竞争对手进入了中国市场，之后公司里的个别人（比如说你）就开始坐不住了。他们之所以去中国，就是因为最近几年，从商学院的课堂到董事会会议，再到媒体报道，“不去中国就没前途”的说法沸沸扬扬。他们之所以去中国，还因为一种强烈的错觉，好像大家都在奔向中国。

其实，这些理由都不够充分。

不错，中国的规模效应吸引力是巨大的，规模效应能够为企业带来的竞争力也是无可辩驳的，但是，如果你不知道怎样利用中国的规模效应来提升自己的实力、生产效率和利润，你去中国就没有意义。在这种情况下，你去中国和去其他任何一个新市场是一样的，不管你穿越的是州界线，还是一个大洋。是否开辟中国市场，你必须考虑战略和效益两方面的因素。这个决策你现在可以不做，但是在不久的将来，你一定要做。

所以，我们给你的最后一个建议是我们在开始就提到的——现在真正到了你该担心的时候了。事实上，你应该假设你的竞争对手已经了解了中国的一些情况，知道怎样利用中国的规模效应来提升自己的市场地位和经济实力。你应该带着这种恐惧，与公司相关人员进行一番探讨，看看自己为什么没有看到中国市场能够为你带来的优势。

你不会看不到这些优势。诚然，不是每一个企业都必须去开辟中国市场，但是，大多数企业必须去，也应该去。

只要他们知道为什么要去。

案例三：李健熙与三星[①]

善攻者，攻其不备，以变应变

1993年2月，李健熙到美国洛杉矶考察，目睹了三星的产品在国外的境遇。他去了很多电子卖场和大百货商店，看到三星的电子产品都被放在不起眼的角落，因无人问津而落满灰尘。而索尼的产品位置摆得却很显眼，买的人也多。李健熙当场就买了几个样品，回来后拆开发现，三星产品的零件比别人多，价格却便宜20%。这就意味着三星的成本比竞争对手高，却卖不出好价钱。

国际市场把三星产品视为二流货，无疑给三星领导层以强烈的刺激。当时身为会长的李健熙扪心自问："我们离21世纪只有7年时间了，世纪之交世界将会发生多少变革？走向21世纪的三星将如何立足于世界？"

美国之行结束后，李健熙随即决定，在三星进行一次翻天覆地的变革。他一气呵成写了《三星新经营》一书，作为企业未来发展的行动指南。他在该书的开篇提出"变化先从我做起"的口号，作为三星的企业哲学和奋斗精神。号召公司以人才和技术为基础，创造最佳产品和服务，为人类社会做出贡献，积极投身于消费者中间，认识并且迎接来自全球的挑战，为全人类创造更加美好的未来。

要实现美好的设想，必须脚踏实地地从一点一滴做起。哪里才是突破口呢？李健熙一针见血地指出：在全球一体化时代，品质就是企业竞争力的准绳，直接关系到企业的生死存亡。"三万人搞生产，六千人搞售后服务，这样的企业拿什么和人家竞争？由品质问

① 龚俊恒．德鲁克管理思想．中国华侨出版社，2013年，第235－236页。

题找出原因，想办法解决，让我们的产品达到一流标准，哪怕把生产线停下来，哪怕会影响我们的市场份额。”

为此，他在新经营理念中，特别强调以质量管理和力求变革为核心，彻底改变当时盛行的“以数量为中心”的思想。李健熙先后同三星一千八百多名中高层人员一起召开会议，并于1993年6月7日在德国法兰克福提出了“新经营”宣言，以破釜沉舟的气势吹响了“新经营”的号角。

“新经营”使三星步入了品质取胜的良性发展轨道，创造出了三星崭新的企业文化。1997年的亚洲金融危机，使得大宇、起亚等不少当年与三星齐名的大企业先后倒下，然而三星却挺了过来，并在国际市场脱颖而出。如今，三星品牌已经成为世界上最具有影响力的品牌之一。

作战篇

一、兵法解读

（一）孙子曰：凡用兵之法，驰车千驷，革车千乘，带甲十万，千里馈粮，则内外之费，宾客之用，胶漆之材，车甲之奉，日费千金，然后十万之师举矣。

其用战也贵胜，久则钝兵挫锐，攻城则力屈，久暴师则国用不足。夫钝兵挫锐、屈力殚货，则诸侯乘其弊而起，虽有智者，不能善其后矣。故兵闻拙速，未睹巧之久也。夫兵久而国利者，未之有也。

故不尽知用兵之害者，则不能尽知用兵之利也。

译文：孙子说：凡用兵作战的一般规律，要动用轻车千辆，重车千辆，步卒十万，还要向千里之外运输粮食，那么前方后方的经费，招待国宾使节的用度，胶漆器材的补充，车辆盔甲的补修，每天要开支“千金”，然后十万军队才能出动。

用这样的军队去作战，就要求速胜，持久就会使军队疲惫，锐气挫伤；攻城就会使兵力消耗；让军队长久暴露在国外，就会使国家的财政发生困难。如果兵疲、气挫、力尽、财竭，则列国诸侯就会乘着你的危机而起兵进攻，那时虽有智谋的人，也无法替你挽救危局了。所以，用兵只听说老实的速决，没有见到弄巧的持久。战争持久而对国家有利，是不会有的事情。

所以，不完全了解用兵有害方面的人，就不能完全了解用兵的有利方面。

解析：企业实现“走出去”的战略目标，必须要有财力支持，同时，因为花费多，成本高，必须速战速决，以达到节约成本的目的。另外，越拖变数越大，风险越高，万一对手在背后捣乱，就有可能“千里之堤，溃于蚁穴”。但节约成本也不能偷工减料，否则会弄巧成拙，该花的成本花到位；同时，不能粗制滥造。

（二）善用兵者，役不再籍，粮不三载；取用于国，因粮于敌，故军食可足也。

译文：善于用兵的人，兵员不征集两次，粮秣不运输三回；军需自国内取用，粮秣就敌国征集，所以军队的粮秣就可以保证足食了。

解析：就地取材。实施项目的人员尽量本地化，不仅可以节约成本，还为当地解决就业问题，因此容易融入本地文化，（如使用关键人物的亲戚）。遇到问题时也就比较容易解决、协商，还可以处理好关系。

（三）国之贫于师者远输，远输则百姓贫。近于师者贵卖，贵卖则百姓财竭，财竭则急于丘役。力屈、财殚，中原内虚于家。百姓之费，十去其七；公家之费，破车罢马，甲胄矢弩，戟盾蔽橹，丘牛大车，十去其六。

译文：国家之所以会因军队出动而贫穷的，就是由于远道运输；远道运输，百官家属都要贫困。在军队集中的附近地方，东西就会涨价，东西涨价，就会使得百官及其家属感到威胁，国家因财富枯竭，就急于增加赋役。国力耗尽，财富枯竭，国内家家空虚。“百姓”的财产要耗去十分之七；“公室”的耗费，车辆损坏，马匹疲敝，盔甲、弓箭、戟盾、蔽橹以及运输用的牛和大车，也要损失十分之六。

（四）故智将务食于敌，食敌一钟，当吾二十钟；萁秆一石，当吾二十石。

译文：所以聪明的将帅务求就粮于敌国。吃敌粮一“钟”抵得本国的二十“钟”；用草料一“石”，抵得本国的二十“石”。

（五）故杀敌者，怒也；取敌之利者，货也。故车战，得车十乘以上，赏其先得者，而更其旌旗，车杂而乘之，卒善而养之，是谓胜敌而益强。

译文：要使军队勇敢杀敌，就要激励部队；要使军队勇于夺取敌人的物资，就要奖赏士兵。在车战中，凡缴获战车十辆以上的，就奖励首先夺得战车的人，并且把车上敌人的旗帜换成自己的旗帜，派出自己的士兵和俘虏来的士兵夹杂乘坐；对俘虏的兵卒要优待和供养他们。这就是所谓越战胜敌人也越加壮大自己。

解析：团队要形成同仇敌忾，众志成城的氛围，就要赏罚分明，奖勤罚懒，多劳多得。善于利用被兼并企业、被战败对手力量，通过组织管理、人员培训，使他们尽快融入自己的团队，达到文化相通、人心相通，为我所用，以达到胜敌而我更强的目的，这就是1+1>2。

（六）故兵贵胜，不贵久。

译文：所以，用兵利于速胜，不利于持久。

（七）故知兵之将，民之司命，国家安危之主也。

译文：所以，懂得用兵的将帅，是民众的“司命”，国家安危的主宰。

解析：企业派驻海外各国家的代表，如地区分公司经理、代表处负责人、项目经理，分管老总对于“走出去”企业的业务发展、风险防范至关重要。《孙子兵法》各篇中，第一篇五事、七计两次提到主将，第二篇讲到主将是民之司命，是国家和人民的命运的主宰，第三篇讲到主将者国之辅也，第十篇国之宝也，多次强调主将的重要性。企业成功走出去，必须高度重视主将的培养、使用。

二、作战篇应用

本篇主要论述千里作战的物资准备要求，庞大支出、久拖不决的极大弊端，以及囤粮于敌的重要思想。

企业“走出去”，在海外开展业务，也需要做方方面面的物资准备，也会发生大规模的支出，包括差旅费、人工费、咨询费、安全费，通讯费等，常驻海外人员的房屋租赁费、办公费等，尤其是人工费支出，比国内要高得多，因为“走出去”人员还有境外补贴。

当然，今天与2500年前孙子所处的时代相比，交通、通讯、物资状况等发生了翻天覆地的变化，企业“走出去”与古代千里作战所需的战略物资毕竟差别巨大。尽管具体物资形态有所不同，但终究都会表现为财务支出，孙子的物资准备思想，速战速决思想，囤粮于敌的思想对企业“走出去”仍有重大指导意义。

（一）殷实的财务保障

企业在异国他乡从事业务，没有强大的财务实力保障是不可能的，尤其需要安全的办公环境、较高素质的人才队伍、高昂的差旅费用、不菲的咨询（中介）费用等。

在开拓项目过程中，还需要大规模的前期费用，项目执行过程中，还要发生大量的垫付费用，因此要求企业的财务实力强，融资水平高。如何保持资产的流动性，实现资产的流动性和资产的保值增值相统一，需要很高的财务管理水平。

（二）速战速决

《孙子兵法》讲，“兵贵胜，不贵久”，“不尽知用兵之害者，不尽知用兵之利也”。因为在境外开展业务每天都发生大规模的资金支出，久拖不决，将给企业带来巨大财务负担。一定认真研究市场开拓和项目执行的有关问题，抓住主要问题，找准解决方案，不可久拖不决。

此外，拖得越久，不仅钝兵挫锐，屈力殚货，而且久则生变，容易给竞争对手以可乘之机，轻则增加谈判压力和成本，重则项目易人，几乎无获。因此必须速战速决，一鼓作气，尽快签署有关协议。在执行的项目，一定提前做好有关项目实施准备，留出预量。协调各方，加强管理，提高效率，在保证项目质量前提下，尽量追赶工期，抓紧施工，提前竣工，这样不仅使项目尽早投入使用，发挥效益，造福业主和目标国人民，而且可为企业节约大量财务成本。

（三）实现本地化

《孙子兵法》指出“善用兵者，役不再籍，粮不三载，取用于国，囤粮于敌，故军粮可足也”，尽管现代社会交通比较便利，运输条件有很大提高，但运输距离远、时间长、成本高。另外，目标国出于自身经济发展和实现就业目的，也会多鼓励出口、限制进口，中国对大部分发展中国家之间贸易都是顺差，除了一部分国内生产的有明显成本优势，质量优势，设备材料，能就地采购的尽量就地采购，就地生产，“囤粮于敌”。

除了物资设备以外，员工的本地化也十分必要。当地招工不仅解决该国就业问题，而且可以节约劳动力成本。更重要的是，可以“利而诱之”，我方企业项目的顺利实施可以给当地带来实实在在的好处，实际上是组建了利益、命运共同体，会得到当地人民的衷心拥护和支持。当地的工会、治安、税收方面协调起来也会比较顺畅，也有利于融入当地文化，但是要做到这一点，必须做到“取敌之利者，货也”，平等相待，尊重本地员工，加强培训，提高当地员工技能，同时给予当地员工比较丰厚的待遇，并且想他们之所想，急他们之所急，在力所能及的情况下，帮助当地员工解决家庭困难。

三、作战篇案例

案例一 网罗最优秀的人才[①]

故杀敌者，怒也；取敌之利者，货也。故车战，得车十乘以上，赏其先得者，而更其旌旗，车杂而乘之，卒善而养之，是谓胜敌而益强。

要想将一个企业发展成为众多求职者心目中的“首选企业”，依靠6个重要成功因素：

第一，首选企业真正重视持续的学习，而不仅仅停留在口头上。这些企业舍得为提升员工能力投资，充分利用课堂、培训计划、远

① （美）杰克·韦尔奇，苏茜·韦尔奇．赢的答案．中信出版社，2013年，第91－95页。

程教育等各种形式来开发员工的潜能。这些活动给员工传递了一个信息：公司非常愿意帮助他们不断成长。

第二，首选企业奉行实力主义。薪水和提升机会与个人绩效密切相关，严格的绩效评估体系定期将每个人的绩效情况公之于众。在每一家企业，你的人脉和学历可能会使你被纳入精英阶层，剩下的，就看你的能力了。现在，我们来看看为什么这些方面有助于打造一个首选企业。很简单，高素质、自信、积极上进的人往往青睐这种企业环境。

第三，首选企业不仅允许人们冒险，而且还鼓励人们冒险，他们不会去惩罚那些冒险失败的人。就实力主义来说，鼓励冒险的文化正好能吸引那些有创造性的、敢作敢为的优秀员工，这些员工是企业参与全球化竞争时所需要的，这种竞争的特点是创新而不是大幅度削减成本。

第四，首选企业知道，对社会有益的事情也对企业有益。性别、种族和国籍都不重要，但每个人的想法都很重要。首选企业的观点既是多样化的，又是全球化的，他们的最佳实践方法因文化环境的不同而有所不同。对于那些绩效突出的员工，公司允许他们适当地灵活安排自己的工作时间。总之，首选企业更加开明、更有胸襟。

第五，首选企业选择员工的标准很高。他们要求应聘者踏实肯干，应聘者必须通过重重严格的面试筛选，他们的专业技能和先前的工作经验必须通过全面、严格的考察。不可否认，这个因素有点不合逻辑，因为在你还没有成为求职者的首选企业之前，你是没有过多的选择余地的，因此也是没有资格挑剔的！

第六，首选企业在不断创造利润的同时壮大了自己的实力。持续攀升的股价对于求职者来说就是一块巨大的磁石。除此之外，只有极其成功的公司才能许诺你一个美好的未来，为你提供升职和加薪的机会。其实，公司最让潜在员工神往的一句话是："来吧，让我们同舟共济，一起努力吧。"

成为求职者首选企业的最大好处是你可以招聘到最优秀的人才，继而引发一个良性循环。一个优秀团队可以吸引另一个优秀团队的加入，一次成功往往能够引发更多次的成功。

这是一条你和你的员工永远都不想离开的"船"。

案例二　蔡志勇与伍德希德[①]

知兵之将，民之司命，国家安危之主也

在美国华尔街，有一个来自中国上海的华人金融家，他的名字叫蔡志勇。他 20 世纪 60 年代初期投身于美国金融界，几十年来任凭华尔街潮涨潮落、狂澜迭起，他都能以自己神奇的智慧和力量化险为夷，绝处逢生。特别是在一波三折、危机四伏的股票市场上，蔡志勇总是能步步为营、稳扎稳打，从而取得辉煌的业绩，被美国金融界誉为"点石成金的魔术师""华尔街金融大王"。

威廉. 伍德希德原是美国容器公司的董事会首席执行董事和董事长，是一个"唯才是举"的开明人士。他所领导的容器公司是一家实业公司，下属多家制罐厂，多年来一直在想于金融界求得发展，因此，一直想聘请一位金融奇才来策划经营，但苦于找不到合适的人选。蔡志勇在金融界超凡的才能引起了伍德希德的注意，他慧眼识俊杰，立即与蔡志勇商谈。

由于伍德希德求贤若渴，爱才如命，又是网罗人才的高手，最后以 1.4 亿美元的现金和股权高价收购了蔡志勇为董事长的"联合

---

① 龚俊恒. 德鲁克管理思想. 中国华侨出版社，2013 年，第 121－123 页。

麦迪逊”财务控股公司，并邀请蔡志勇出任容器公司董事。1.4亿美元这个惊人的收购价，明眼人一看就知道，收购“联合麦迪逊”是假，收买蔡志勇才是真。

蔡志勇赴任没有辜负伍德希德的厚望与重托，凭借着该公司的雄厚实力，在金融界大展其能，没多久就使得容器公司有突破性的进展。他先是运用1.52亿美元收购了美国运输人寿保险公司的股票，又以8.9亿美元的巨资收购了若干家保险公司、一家经营互惠金融的公司、一家兼营抵押及银行业务公司……并投资2亿美元，进一步发展这些公司的业务。蔡志勇连续4年将超过10亿美元的资金用于容器公司的多种金融服务事业。

蔡志勇以金融业务为突破口，同时积极开展多样化的业务，使公司1984年资产达26.2亿美元，销售额达31.78亿美元；1985年第一季度的纯收入达3540万美元；而1986年第一季度的纯收入就搞定6750万美元。证券业务更是令人惊叹，仅1985年，容器公司下属的各保险公司售出的保险单面额高达770亿美元。

容器公司很快成为拥有33个容器厂的大型企业，在全美500家大型企业中排至130位。该公司的金融服务业已形成完整的体系和不断发展的金融网络。蔡志勇上任4年，就为公司增加了10亿美元的资产。伍德希德更加器重他，1982年2月任他为执行副总裁，1983年8月又将他升任为副董事长。

伍德希德自鸣得意地坦言相告“蔡志勇是容器公司金融服务业的‘顶梁柱’。我们之所以收购他的公司，主要为了把他吸引到我们公司来。”

1986年伍德希德退休，他将蔡志勇推荐给董事会作为他的接班人，蔡志勇57岁执掌容器公司，成为“伟大的战略执行者。”

谋攻篇

一、兵法解读

（一）孙子曰：凡用兵之法，全国为上，破国次之；全军为上，破军次之；全旅为上，破旅次之；全卒为上，破卒次之；全伍为上，破伍次之。是故百战百胜，非善之善者也；不战而屈人之兵，善之善者也。

译文：孙子说：指导战争的法则是，使敌人举国完整地屈服是上策，击破敌国就差些；使敌人全“军”完整地降服是上策，击破敌人的“军”就差些；使敌人全“旅”完整地降服是上策，击破敌人的“旅”就差些；使敌人全“卒”完整地降服是上策，击破敌人的“卒”就差些；使敌人全“伍”完整地降服是上策，击破敌人的“伍”就差些。因此，百战百胜，还不算高明中最高明的，不战而使敌人屈服，才算是高明中最高明的呀！

解析：“知彼知己，百战不殆”，一是强调知彼知己的重要性，这是制胜的前提条件；二是强调知彼知己与百战不殆的关系，知是为了战，“知”与“行”的关系，先认识，后实践；先理论，后实践检验；三是强调知彼知己更是前提，知己较易，知彼更难，知彼之后，再与自己的力量对比，比较出优劣势，要知己所短，改进自身的缺点、短板。商战中，如争取到议标而非竞标，吸收合并而不是硬拼，都是“不战而屈人之兵”的成功应用。同时，我们要“和为贵”，少树敌人，搞好团结，对于在海外的市场开拓和工作至关重要。同时，联营体的实施，联合融资、组建合资公司，也是“不战而屈人之兵”的典型应用。

（二）故上兵伐谋，其次伐交，其次伐兵，其下攻城。攻城之法为不得已。修橹轒轀、具器械，三月而后成；距闉，又三月而后已。将不胜其忿，而蚁附之，杀士三分之一，而城不拔者，此攻之灾也。

故善用兵者，屈人之兵而非战也，拔人之城而非攻也，毁人之国而非久也，必以全争于天下，故兵不顿，而利可全，此谋攻之法也。

译文：所以，指导战争的上策是挫败敌人的战略计谋，其次是挫败敌人的外交，再次是进攻敌人的军队，下策是攻城。攻城的办法是不得已的。制造攻城的巢车和轒轀，准备攻城器械，三个月才能完成；构筑攻城的土山又要三个月才能竣工。将帅不胜其忿怒，驱使他的军队像蚂蚁一般的去爬城，士兵伤亡三分之一，而城还是攻不下来，这就是攻城的灾害呀！

所以善于指导战争的人，屈服敌人的军队不用硬打，夺取敌人的城堡不用硬攻，灭亡敌人的国家不须旷日持久。一定要用全胜的计谋争胜于天下，这样军队不致受到挫伤，而胜利可以完满取得。这就是谋划进攻的法则。

解析：企业要成功的走出去并在国际市场扎根、发展，就要与当地国家有关的政府、部门、机构、企业形成利益共同体。

（三）故用兵之法，十则围之，五则攻之，倍则分之，敌则能战之，少则能逃之，不若则能避之。故小敌之坚，大敌之擒也。

译文：所以用兵的法则，有十倍于敌的兵力就包围敌人，有五倍于敌的兵力就进攻敌人，有一倍于敌的兵力就要设法分散敌人，有与敌相等的兵力就要善于设法击败敌人。兵力比敌人少就要退却，实力比敌人弱，就要避免决战。所以弱小的军队固执坚守，就会成为强大敌人的俘虏了。

解析：商战中不可硬拼，明知不可为而为之，就很可能会引火烧身，最后是得不偿失。

（四）夫将者，国之辅也，辅周则国必强，辅隙则国必弱。

译文：将帅好比是国家的辅木，将帅和国家的关系如同辅车相依。如果相依无间，国家一定强盛；相依有隙，国家一定衰弱。

（五）故君之所以患于军者三：不知军之不可以进而谓之进，不知军之不可以退而谓之退，是为縻军；不知三军之事，而同三军之政者，则军士惑矣；不知三军之权，而同三军之任，则军士疑矣。三军既惑且疑，则诸侯之难至矣，是谓乱军引胜。

译文：国君可能使军队受到祸害的（情况）有三种：不懂得军队不可以前进而硬叫它前进，不懂得军队不可以后退而硬叫它后退，这叫做牵制军队；不懂得军队的内部事情而干预军事行政，就会使官兵迷惑；不懂得军事的权变而干预军队指挥，就会使军队怀疑。军队既迷惑而且怀疑，列国诸侯就会乘机而来为难。这就是所谓搞乱军队，自己引来敌人的胜利。

解析："走出去"的企业不进则退。由于远隔万水千山，情况千变万化，地域内外，风景各异，习惯不同，更容易造成信息不对称。因此公司的指挥主要是战略上的指挥，客观上指导，制度上健全（并且应制定适合国际惯例的制度），对前方主将应充分尊重、充分放权。将在外军令有所不受。总部切不可情况不明决心大，方法不对点子多，无知妄说、瞎指挥。同时，由于现代交通通讯较好，为前后方联系、信息更新提供了可能，所以也不能对前方将帅放任自流，任其胡干、蛮干。就像手握风筝线，既要让它飞，又不能脱手，放与收的度，主要在于信息的对称程度、制度的严密程度以及将帅成熟程度。特别注意要做到充分授权，而不要干政、揽政，随意干预。

（六）故知胜有五：知可以战与不可以战者胜，识众寡之用者胜，上下同欲者胜，以虞待不虞者胜，将能而君不御者胜。此五者，知胜之道也。

译文：有五种情况可以预见到胜利：凡是能看清情况知道可以打或不可以打的，就能胜利；懂得多兵的用法也懂得少兵的用法的，就能胜利；官兵有共同欲望的，就能胜利；自己有准备以对付疏忽懈怠的敌人的，就能胜利；将帅有指挥才能而国君不加以控制的，就能胜利。这五条，是预见胜利的方法。

解析：企业在前方的竞争，第一，在战略上要知道可以争与不可以争，需认真分析敌我双方的力量对比，当前条件是否具备，要打有把握之仗；第二，如何争？战术上要科学、合理调动和配置资源；第三，思想上要统一，戮力用心，同仇敌忾；第四，不打无准备之仗；第五，讲究授权，不胡乱干预，当然这是基于“将能”的情况下。

（七）故曰：知彼知己，百战不殆；不知彼而知己，一胜一负；不知彼，不知己，每战必殆。

译文：所以说，了解敌人，了解自己，百战都不会有危险；不了解敌人而了解自己，胜败的可能各半；不了解敌人也不了解自己，那就每战都有危险了。

解析：了解敌我（竞争者）双方。不能是聋子、瞎子，认真分析比对，综合衡量利弊，才能打胜仗，一切从实际出发，实事求是。没有事先的研判，是打不了胜仗的。信息充分对称，不犯道德风险和逆向选择错误，在“知”的基础上行动。当然，战也可以更知，尽管战之知，是形象具体的。虽战场不同，但只要掌握了规律性，就更容易指挥下一次的战斗。正因为知己知彼重要，所以情报很重要。

二、谋攻篇应用

孙子在本篇中提到战略目标：全胜的思想，取得全胜的良策和作战的具体方法。取得全胜的关键是将有能，而君不患于军。将有能，能辅助国家取得全胜的根本要求是先知，只有先知才能先胜，才能不战而屈人之兵，以我方处于绝对优势兵力与敌人作战，才能取得全胜。

企业“走出去”面临竞争是不可避免的，这不仅在与业主的合作中存在谋略、冲突和较量，而且在具体业务办理时，又存在竞争对手。如何在竞争中保持全胜，不战而屈人之兵，是一个十分关键的问题。

（一）企业走出去的战略目标选择

企业走出去经常面临着这样的战略选择，全胜作为业务发展最佳目标。是局部还是全体？是大项目还是小项目？是整个项目还是一个项目的某一部分？是自己全做还是分包一些出去？用孙子的思想看，能全部就不要部分，能免费就不要支出。

总之，孙子全胜的思想用在企业的生产经营活动中，就是以利润（资产增值，效益）最大化为目标。有利于实现利润最大化的策略就是应该选择的最佳策略，由于利润 = 收入 - 成本费用，因此实现利润最大化，就演变成为收入最大化或成本最小化，怎样的策略使收入最大化就应该选择怎样的策略；怎样的策略使成本费用支出最大程度减少就应该选择怎样的策略。

（二）实现全胜的具体方法是“兵不顿而利可全”

1. 周全的谋划。设计方案要周全，设计方法要恰当，施工质量有保障，切实解决对方（尤其是业主）所关心的问题，一定要有完善的解决方案，以在保本的前提下拿到项目为目标。

2. 合作共赢。自己擅长的工作，能用最低的成本，实现最好的收益的项目，或项目的一部分由自己完成；自己不擅长，或不是最擅长的工作，就引进合作伙伴，用联营体或分包的方式实现互利共赢。

3. 滚动发展，争取全部。一个行业或一个地区都需要大的建设和发展，但一期或几期工程项目无法实现这个目标，要充分考虑局部与整体，眼前与长远的关系，舍小利，保大利，宁愿先实施的项目少赚钱甚至不赚，为了整体利益，也可以先去做，而且做成精品，搞好后期规划与设计，使后期的项目以实现“不战而屈人之兵”。

4. 引导议标，不惧竞标。议标与竞标，在很多国家法律上有明确规定。但有些国家法律上没有明确规定，主要取决于业主偏好，甚至政治势力的较量。舆情环境也是当地国家经常考虑的因素，对企业来说，为了实现全胜目标，一般来说议标方式对企业有利，议标项目一般来说利润高一些，但后续隐藏的风险也比较大。因此，应通过特色、能力取胜，不惧怕竞标，愿意公开透明。对自己有信心、准备充分的，最好引导议标，“不战而屈人之兵”是最好的选择。但是业主如果坚持竞标，实施企业无能为力。对于投资前景比较好的项目，投资环境比较好的国家，企业可以投入部分资金，与对方结成联营体作为业主，在项目实施过程中，对如何选择企业，就增加了一定的话语权。同时，要理解到不战不是惧怕战，实现不战的目标，需要有战的准备、战的实力，也就是有竞标的准备和实力，即使竞标也有信心，以此为基础，业主才更加有可能选择议标。议标的重要前提还是要与对方形成高度的利益一致性，利益共同体、命运共同体，使之一损俱损，一荣俱荣。稍有闪失，因其利益深陷其中，使之动弹不得。

（三）集中力量，毕其功于一役

孙子说，用兵的原则是十倍于敌人则围之，五倍于敌人则进攻，不如敌人强大就避开。否则，力量弱小却非要硬拼，必受灭顶之灾。

企业在商战中，也要集中公司优势力量（设计人员、商务谈判人员、施工人员、采购人员、管理人员组成强大的项目团队），尽管企业的总体实力比对手可能弱一些，但在某一个具体项目竞争中，通过这样的科学组织、谋划，就有可能形成相对强大的实力，打破既有的条条框框，以项目为中心展开重组和协调，保证在某一个具体的项目竞争中处于相对优势。当然，通过一系列的组合、配合，仍然不敌对手，那就放弃，不能硬拼、死拼，避免最后"小敌之坚，大敌之擒"，遭受毁灭性打击。

（四）实现全胜目标的基础前提是"君不患于军"

在海外市场开拓中，领军人物（将帅）的重要作用是不言而喻的，境外商战，情况变化莫测，机会稍纵即逝，由于通讯和时差原因，有些紧急情况，需要前方管理人员临机决断，因此总部必须给予充分的授权。如果总部过多干预，"不知军之不可以进，而谓之进；不知军之不可以退而谓之退”，势必会给前方管理团队造成很大被动甚至混乱，甚至给前方项目决策造成灾难性后果。

赴各国的前方团队，不必强求一致，组织体系、机构设置、人员安排、内部管理制度等，要因地制宜。具体管理事务，总部不应过多干预，宏观上有要求，微观上充分信任，总部进行严格准确的和科学的评估。最终效果，用实战检验，经过实践检验好的，继续保留和发扬光大；检验中存在问题的，就要改进，存在严重错误的，就要否决、纠正。

“将者，国之辅也，辅周国必强，辅隙国必弱”。前方管理团队，尤其主要负责人的性格，能力，经验，偏好都是不一样的，团队能力强的，授权范围就大一些，自我裁量权就更重一些；团队能力相对较弱，经验不足的，总部对其授权范围就小一些，自我裁量权就轻一些。一定要因地制宜，不可一刀切。要与时俱进，不能“以不变应万变”。

总部与前方团队的管理部门要清晰责任边界，明确权力范围，该前方负责的，总部就不要插手，不能出现互相推诿、互相扯皮，相互掣肘，“好事争，坏事推”，又控权、又诿过。要做到不控权、不越权、不擅权，本着谁更了解情况谁管，谁有能力谁管，谁管理成本低谁管的原则划定管理事项和范围。

（五）实现全胜目标的决定因素是具备“五道”

孙子兵法中指出“五道”，是知胜之道。企业在走出去开拓业务时，也应以五个方面总结、判断，实现“知胜之道”，为成功创造条件。

1. 知战与不战。面对项目竞争，参与还是不参与，主要取决于如果参与，在参与各方能胜出，就参与竞争，不能胜出或没有胜出把握就不必参与。这与计篇中所讲到的“多算胜，少算不胜”是一致的，事先要进行仔细评估，因为没有把握，即使参与也是劳民伤财，还能谈什么“全胜”呢？

2. 知众寡之用。参与项目竞争时，能动用的力量是多少？包括人力物力财力等，还包括中间的调动配合能力。这里有两个方面，一方面是我方力量与业主方希望完成目标的需求相比较，我方集中力量调动一切可以调动的力量，能完成业主方要求的，就参与，否则就联合其他单位共同参与或者放弃参与；另一方面是我方力量与竞争对手力量比较，不仅了解自己，还要了解对手。我方力量相对较强就参与，如果相对弱就不要参与或者采取联合办法使我方强大起来参与。

3. 上下同欲。“人心齐，泰山移”。总部各部门与前方团队同心同德，前方团队内部也团结一心，这是取胜的重要条件。上下一心，就会相互补充，力量就自然大一些；上下离心离德，相互拆台，力量就弱多了。因此必须用事业凝聚人心，用待遇留住人心，用感情拉近人心，使一个团队招之即来，来之能战，战之能胜。

4. 有备无患。凡事预则立，不预则废。遇事要早做准备，早有预案，不可事到临头，手足无措，这样容易出大错，要“以虞待不虞”，首要条件就是要信息快、准、早，得到消息后，马上着手准备而成功赢得时间，赢得主动。

5. 充分信任，充分授权。对前方管理团队要充分授权。总部不对前方具体事务指手画脚，说三道四。因为前方管理团队靠近项目一线，了解的有关信息更充分，更全面，更及时；后方得到的信息难免挂一漏万，或事过境迁，消息早已失效，前方作出的决策科学性更强一些，但充分授权和信任的前提是前方团队的主要负责人有才干、敢担当。当然，前方主要负责人如果不称职，一定要及时撤换，不可因此而耽误业务发展。

三、谋攻篇案例

案例一　三心换一心[①]

故知胜有五：知可以战与不可以战者胜，识众寡之用者胜，上下同欲者胜，以虞待不虞者胜，将能而君不御者胜。

海尔集团首席执行官张瑞敏最喜欢引用的古语之一就是“上下同欲者胜”。他认为，一个企业，不论是大企业还是小企业，企业领导都必须在琢磨人、关心人上下功夫。海尔集团的成功，在一定程度上也归功于海尔企业文化的“三心换一心”：以解决疾苦要热心、批评错误要诚心、做思想工作要知心，换来职工对企业的“铁心”。

“三心换一心”的思想贯穿了海尔集团所有方面，大到关注员工对公司战略方向和个人发展的看法，小到关切员工工作生活上所面临实际困难的各个层面。海尔用“热心”组织了集团自救自助形式的救援队，派发员工人手一本《排忧解难本》，密切关注解决员工所遇到的难题；用“诚心”公开考核制度，透明人际关系，使接受批评的干部清楚错在何处，进一步纠正工作和思想上的偏差，明确努力方向。

最为重要的是，海尔用“知心”建立了多种制度，清晰地了解了员工内心的想法，了解员工希望企业做什么。海尔集团每半年就会召开一次职工代表大会。通过组织员工参会，让员工充分参与到

① 孙健．海尔的企业文化．企业管理出版社，2002 年，第 42 - 45 页。

企业的民主管理和监督中来，进一步了解企业的战略目标和发展动态，同时对涉及自身切身利益的重大决策进行讨论，会议通过后就可以落到实处。另外，海尔还建立了各种形式的恳谈会制度，加强了员工与领导的面对面交流，开诚布公，畅所欲言。此外，海尔集团还在其内部简报——《海尔人》上开辟“心桥工程”栏目，通过栏目反映员工不愿在公开场合所说的话。

海尔集团“三心换一心”的理念与做法让员工能够通过公开场合或者简报专栏毫无顾虑地说出自己的心里话，换来了员工对企业的忠心、信心和铁心。

案例二 和竞争对手合作①

> 不战而屈人之兵，善之善者也。

在松下生产电池后，东京、大阪产生了十多家竞争对手。其中关西的朝日干电池和小经干电池是最强劲对手。因此，松下特别在宣传广告和开拓销售网上，下了很大工夫。干电池的销售量，在激励竞争中，一天比一天增加。到了1930年，虽然达到了月产电池十多万个、干电池五十多万个的数量，仍然供不应求。

至于干电池，当时在松下还没有自己制造，全部都是由东京的冈田工厂代工，增产再增产，到了1930年，冈田工厂已经没有办法达到松下公司的需求量。松下和冈田商量后，便在大阪再找一家公司来合作。

经过周密考虑之后，松下选定了大阪的小经干电池厂为对象（当时为大阪最优良的工厂之一，同时也是松下最大的劲敌），松下

---

① 钱亮.10分钟读懂松下幸之助.中华工商联合出版社，2013年，第96－98页。

直接拜访了负责人小经氏，坦白地告诉他："国际牌干电池因为销售量巨幅增加，冈田干电池厂一家已经无法供应我们的需求，所以，我们必须再寻找一家与我们合作。你我二人是同业，也是彼此的竞争对手，不过，为了双方利益，我们最好能够携手合作。不知道你愿不愿意？"小经氏看到竞争对手的松下来找他合作感到万分惊讶，一时愣住了。但是，松下坦白诚挚的话让他又觉得很放心。他也非常坦白地说："你的意思我明白了，我们愿意做你们的加工厂。"

松下听了后，觉得非常愉快，说："让我看看工厂好吗？"松下在工厂里绕了一圈，大概了解了他们的工作情形。当时，厂里有一百名员工，个个都热衷于自己的工作。但是，从工厂的经营面看，松下发现还有许多应该改进的地方。于是，对小经氏说："从今以后，不再是小经氏干电池厂，而是要制造电池界响当当的国际品牌干电池。所以请你务必下决心，在改良品质方面多加努力。同时，请你重新计划，至少要达到目前生产量的三倍，若只是使用目前的工厂，无法满足我们的需求，请你马上投资盖新工厂和购置新设备。你一定要有诚意和决心来实现，否则，你做我们的加工厂，却无法达到我们需要的目标，那对我们一点好处都没有。你能办到吗？"

小经氏很爽快地回答说："既然如此，我愿意发誓，保证一定做到。"松下感到，虽然很容易成交了，实际问题还是存在于小经氏方面。小经氏非把原来的销售店处理好不可。例如与经销商交涉、尾款如何处理、产权何时转移等细节，当时都由小经干电池工厂营业部主任吉田幸太郎全权代理，吉田以前独资经营松下代理店，后来代理店关闭，三四年前到小经干电池厂担任营业部主任。所以，吉田对松下的实际情况也很了解。

在处理松下和小经之间的细节问题时，得到许多便利。小经氏根据这个契约，很热心地计划、筹备增加生产。

这就是“龟兔双赢理论”。兔子因骄傲在第一次赛跑中失利之后，进行了深刻的反思，并决心和乌龟作第二次较量，乌龟接受了兔子挑战，结果这次兔子轻松战胜了乌龟。乌龟很不服气，主张再来一次，并由自己安排制定比赛路线和规则，兔子同意了。当兔子遥遥领先乌龟而洋洋自得时，一条长长的河流挡在前面，这下兔子只有坐在河边犯愁了，结果乌龟慢慢赶上来，慢慢游过河而赢得了比赛。几番大战后，龟兔各有胜负，他们也厌倦了这种对抗，最终达成协议，再赛最后一次，于是龟兔合作，兔子把乌龟驮在背上跑到河边，然后，乌龟又把兔子驮在背上游过河去，原来竞争对手也是可以合作的。

案例三 充分授权①

故君之所以患于军者三：不知军之不可以进而谓之进，不知军之不可以退而谓之退，是为縻军；不知三军之事，而同三军之政者，则军士惑矣；不知三军之权，而同三军之任，则军士疑矣。三军既惑且疑，则诸侯之难至矣，是谓乱军引胜。

任何一个企业，如果只靠集权来治理经营，必将自行灭亡。“分权”是权力分配的一种形式，指领导者为了更好地实现领导目标而借助他人或集体的力量去推动工作的进行。同时领导必须对下属的力量科学使用，赋予明确的职责，才能达到预期的目标。

对领导者来说，权力不应是“守财奴”手中的金钱，而应是实现团队目标与个人目标的工具。只有穷汉才需要亲自操作属于自己的每件工具。作为领导者，应该是找到合适的人，将“权力”这种

① 龚俊恒．德鲁克管理思想．中国华侨出版社，2013 年，第 196－197 页。

工具放心的交给他使用。从更高的现代领导艺术要求来说，领导者应让自己的每位追随者都得到权力这种“工具”。也就是说，让每位团队成员具备“自我领导”能力。领导则可以集中100%精力处理20%的大事，用二八原则，当然能应付自如了。如此好钢用在刀刃上，厚积薄发，不失为管理上策。

随着企业经营的日益复杂化和多样化，企业大型化、国际化和多元经营化的趋势越来越明显，致使企业内部的经营管理日趋复杂。为了保证使领导者可以抽出时间处理那些事关大局的事情，采用分权不失为一个好的手段。

但要真正做到分权，不是件容易的事，贝尔公司有一句格言说得很好：“领导者要做一件必须做又很难做的事，就是不管他们，还他们充分自由。”话说得可能绝对了，但其基本精神是十分正确的。因为领导者在分配权力的时候，要遵循的主要原则有：职权一致，责权对等原则；层级分明，权责明确原则；科学合理，相互制约原则；知人善任，大胆放权原则。尤其最后一条，就是领导者要给予授权者充分的活动空间，而不应事事插手，横加干涉。作为领导者只要抓输入、比较输入（决策）和输出（目标和结果）就足够了，这就是“只管两头、不管中间”的黑箱原理。

领导者可以通过常见的分权方式，如金字塔式、矩阵式、职能式、授权式，获得一个组织为适应新条件所具备的一切品质。另外，权力分配还可以巩固和扩大领导者的权力。权力的巩固在于逐渐取得所有下属对其权力的承认。对权力予以分配，可以先使权力分配对象承认和接受你的权力，他们又会影响各自的下属承认你的权力。分权还是一种融用人用权一体的领导艺术。

形 篇

一、兵法解读

（一）昔之善战者，先为不可胜，以待敌之可胜。不可胜在己，可胜在敌。故善战者，能为不可胜，不能使敌之必可胜。故曰：胜可知，而不可为。

不可胜者，守也；可胜者，攻也。守则不足，攻则有余。善守者，藏于九地之下；善攻者，动于九天之上。故能自保而全胜也。

译文：从前会打仗的人，先要造成不会被敌战胜的条件，以等待可以战胜敌人的机会。使敌人无机可乘，主动权掌握在我军自己手中。善于用兵作战，以战胜敌人，在于敌人（是否犯错误暴露弱点）。所以会打仗的人，先要做到不会被敌人战胜，然后等待机会战胜敌人。所以说，胜利可以预见到，而不能凭主观愿望去强求。

当我军无法战胜敌人时，就采取防守的战略，当我军可以战胜敌人时，就采取进攻的战略。采取防守，是由于兵力不足（我方暂处劣势）；采取进攻，是由于兵力有余（我方兵力已拥有优势）。善于防守的人，深深隐蔽自己兵力于各种地形之下；善于进攻的人，高度发挥自己力量，动作于各种天候之中。所以能保存自己而取得完全消灭敌人的胜利。

解析：竞争和战争一样的道理，要争取先立于不败之地，再伺机而动。自己力量强的时候，就主动进攻，力量还不适合竞争时就防守。力量不强大时去进攻（形之），力量弱小而不懂得避让，必会被对手打败。当然，强弱也是相对的，在某一范围、领域、专业内相对较强，也是可以主动进攻的。隔行如隔山，在某些受限制的行业，即使总体实力并不算强的企业，在追踪项目时也往往能胜出，但必须要专一，不断创新，一专多能，让企业发展走上强大之路。

（二）见胜不过众人之所知，非善之善者也；战胜而天下曰善，非善之善者也。故举秋毫不为多力，见日月不为明目，闻雷霆不为聪耳。古之所谓善战者，胜于易胜者也。故善战者之胜也，无智名，无勇功。故其战胜不忒。不忒者，其所措必胜，胜已败者也。故善战者，立于不败之地，而不失敌之败也。是故胜兵先胜而后求战，败兵先战而后求胜。善用兵者，修道而保法，故能为胜败之政。

译文：一般人都能预见到的胜利，算不得最高明；打了胜仗普天下都说打得好，这也算不得了不起的高明。这就像举得起秋天的毫毛算不得力气，看得见日月算不得眼明，听得见雷霆算不得耳聪一样。古来所说的善于打仗的人，都是在容易取胜的条件下战胜敌人的。所以善于打仗的人打了胜仗，并没有智谋的名声，也没有勇猛的武功。他很有把握取得胜利，其所以有把握，是因为他的战略措施先造成必胜的条件，战胜已处于失败地位的敌人。善于打仗的人，总是使自己处于不败的地位，而不放过使敌人失败的机会。因此胜利的军队先有了胜利的把握，才寻找敌人交战；失败的军队往往是先冒险与敌人交战，企图在作战中去求侥幸的胜利。善于领导战争的人，修明政治，确保法制，所以能掌握胜败的决定权。

解析：先立于不败之地，不打无把握之仗，先攻其薄弱环节，积小胜为大胜。不能超越条件，蛮干、乱干，既不能极左，也不能极右。关键还是要知己知彼，既要稳健，又不贻误战机。

（三）兵法：一曰度，二曰量，三曰数，四曰称，五曰胜；地生度，度生量，量生数，数生称，称生胜。

译文：军事上有五个范畴：一是“度”，二是“量”，三是“数”，四是“称”，五是“胜”。（敌对双方都有土地）有了土地就产生（土地面积大小不同的）“度”的问题；（双方土地面积大小的）“度”的不同，就产生（物产资源多少的）“量”的问题；（双方物产资源多少的）“量”的不同，就产生（能动员和供给兵卒众寡的）“数”的问题；（双方人力众寡的）“数”的不同，就产生（军事力量轻重对比的）“称”了；（双方力量轻重的）“称”的不同，就产生胜败。

解析：从“度、量、数、称、胜”五个方面，具体比较分析，从而知道有余还是不足，从而决定是攻还是守。就项目来说，做好可研，做好预案，比较不同方案，选取其中最优的。这就是先谋而后动，先胜而后战。

（四）故胜兵若以镒称铢，败兵若以铢称镒。

译文：胜利的军队，在力量对比上，就像用“镒”称“铢”那样占绝对优势（自然轻而易举，必胜无疑）；失败的军队，在力量对比上，就像用“铢”称“镒”那样，处于绝对劣势（自然无能为力，必败无疑）。

（五）胜者之战，若决积水于千仞之溪者，形也。

译文：胜利者指挥军队作战，就像决开在八百丈高处的溪中积水那样，这是重大的物质在迅猛运动中加强了力量（冲力）的表现呀！

解析：一泻千里，势如破竹，这是顺势而为的结果，不能吃夹生饭，强求胜利，更不能明知不可为而为之。

二、形篇应用

本篇告诉人们，善于用兵打仗的人，首先保证自己不被战胜，即立于不败之地，进而不丧失战胜敌人的机会，有必胜的把握再去求战。自己要处于不败之地，先为不可胜。必须修明政治，确保法制，苦练内功。

对于“走出去”的企业，其重要指导意义就是一切成功都建立在自己力量的基础上，不打无把握之仗，要想有把握，必须有准备，胜利的机会留给有充分准备的企业。自己有充分的力量，保证攻无不克，战无不胜，再寻找战机，战胜对手。

（一）积蓄力量，先为不可胜

走出去的企业，面临错综复杂的环境，一定优先保证自己的生存，即不被对手所击败。然后才是击败对手，占领市场，自己有没有实力不被战胜，关键在于自己的准备；但对手是不是一定被我方所击败，要看天时地利和人和，要看战胜对手的条件是否具备。如果我方力量还相对弱，那就采取保守策略、稳健策略，因为采取进攻的策略一是胜算把握性不大，贸然出击，其容易引来杀身之祸；二是一旦被击败，因为我方力量还弱小，经受不住如此沉重打击，很可能一蹶不振，只能被迫离开该市场。那时候，想再回来重振旗鼓，就更难了。所以，弱的时候，要藏于九地之下，不让对手摸准你的脉，不知你的行踪，而应该隐蔽地、低调地枕戈待旦，以图将来。只有有了必胜的把握，“攻则有余”，才采取攻势，则动如九天之上，势不可挡。

要积蓄力量，必须苦练内功。内因是变化的根据，具体通过两个方面实现："修道"和"保法"。进行内部改革，修明政治，铲除弊端，完善制度，严肃纪律，大力树立组织内部的责任意识；树立主人翁责任感，讲大局，比奉献。树立良好的道德形象，形成"比、学、赶、帮、超"的良好局面；划清管理半径，明确工作范围，充分调动每一个人的积极性。领导集体是个大发动机，则每一个层级的管理层都是一个小发动机，就像高铁一样，之所以速度快，是因为车头有个大发动机，且每个车厢都有一个小发动机。一个大发动机，带动每个层级的小发动机，整个组织的动力和活力就大多了。

完善制度，建立规矩，明确责任。人人有目标，层层有考核，用事业凝神聚气，赏罚分明，纪律严明，形成人人有事业心、上进心、责任心的良好局面，才能积蓄力量，为胜利创造条件。

（二）其措必胜，胜于易胜

充分估计敌我双方态势，从我方与对方力量对比的方方面面，进行深入细致的分析和研究，由地生度，度生量，量生数，数生称，称生胜。我方的设计规划能力与对方相比如何？我方施工技术实力与对方比如何？我方管理能力与对方相比如何？我方与业主的沟通协调能力以及客户维护能力与对方比如何？我方融资能力与对方相比如何？在充分的知彼知己的基础上，再逐项进行分析比较，求得综合实力比较，在我方综合实力大大超越对方的情况下，击败对手如以镒称铢，易如反掌，只要交手，我方必胜。在这种情况下，再与对手作战，不仅能取胜，而且可以全胜。

（三）无智名，无勇功

先胜而后求战，胜于易胜，善于作战者取得的胜利他人不容易看出取得胜利当中使用了什么计谋，也看不出武功，因为取胜的基础十分牢固，措施十分得利，先站在了不失败的基础上，使对手无机可乘。这就要求前方管理团队一切以大局为重，战不是为了沽名钓誉，也不是为了证明自己的大智大勇，要时刻以维护公司核心利益和企业利润最大化为目的，襟怀坦白，光明磊落。一切从实际出发，以科学的态度对待项目中的每个问题，把好技术关，算好经济账，有利、有把握就进攻，去竞争；无利或没有取胜把握就避其锋芒，决不能先战而后求胜，为战而战，为了一己之私而战。要有自知自明。先期走出去的企业对境外情况不熟，对境外投资经营规则不熟，更谈不上适应和利用。因此，第一件事就是要学习、调研，带领团队博学之，审视之，明辨之，慎思之，前面几方面都做好了，对许多事情有独立的、正确的判断之后，才能笃行之，切不可“情况不明决心大，方法不对点子多”，这样最终结果是得不偿失。

要了解情况，必须从国别调研开始。国别调研需从国别的基本情况开始，例如历史文化传统、政治政局状况、经济发展情况、国家发展规划、行业发展规划等，进而了解重点领域的重点项目，需要的技术标准，投资概算，施工难度，以及负责部门、人员。主要负责人的基本情况，性格特点，偏好等等。天下大事，做于巨细。不能眼高手低，好高骛远，而应该大处着眼，小处着手，脚踏实地地做好调研工作。“兵形象水”，水至柔，因器而制形；水无形，因地而制流。但水却能以柔克刚，决积水于千仞之溪，力大无比，以至于疾水至于漂石。一件件细小的工作，就像一滴滴细小的水珠，积小为大；不择细流，就可以成大海。只要坚持不懈地做好每件小事，默默无闻地做好准备，有卧薪尝胆之韧，必能由弱变强，由不足变有余，由守势变攻势，再不放弃任何一次战胜对手的机会。

谁掌握了实际情况，谁就掌握真理；谁掌握了细微的情况，谁就掌握主动；谁掌握了最新的情况，谁就掌握了先机。项目在哪里？项目就在信息里，就在一篇篇厚重报告的字里行间里。“打铁还要自身硬”，在没有很好的准备之前，就仓促应战，盲目出击，必定是“以卵击石，自取灭亡”。

三、形篇案例

案例一 不要闭门造车[①]

胜兵先胜而后求战，败兵先战而后求胜。善用兵者，修道而保法，故能为胜败之政。

一家生产汽车零件的企业，大约有2 000多人，花了很长时间钻研技术和制造工艺，相对来说，在营销上花的时间很少。目前的问题是：他们的产品虽然在技术上无可挑剔，可就是打不开销路（顾客选择了竞争对手的产品，因为他们的产品更先进）。显然，为了保持竞争力，他们必须降低产品价格，但是不知道该怎么降。虽然其成本一直控制得很好，许多业务都外包给了中国、印度，甚至东欧国家，但看来这样还是不行。

这实际上是那些自以为是的大企业经常出现的NIH症候群（not invented here syndrome）。

NIH症候群的症状表现为不愿意利用外部创意来改善公司的任何流程（当经理们深信公司的经营水平处于最佳状态时，他们就会

① （美）杰克·韦尔奇，苏茜·韦尔奇．赢的答案．中信出版社，2013年，第135－138页。

不知不觉地在公司里营造这样一种氛围)。具有这种症状的经理们坚信公司已经解决了所有问题。毕竟，这种症状出现的一段时间内，公司还因此取得了一些成绩。经理们的口头禅是“我们公司就这样”。要是有人提出一个新的方法，他们往往一口回绝：“我们已经试过了。”

目前，大公司普遍存在这种自以为是的倾向，这种倾向非常不好。伴随着 NIH 式的自我满足，大公司的自以为是还包括其他症状，比如惰性、官僚主义、厌恶风险。但是 NIH 症候群的症状比其他任何症状的破坏性都强，它可以让企业的竞争力从企业的血管里一点一点地流失，让一个组织逐渐走向毁灭。

那怎么解决这个问题?

他们的成本已经控制得很低了，不可能再降了，即使外包也解决不了问题。另外，他们相信自己拥有最好的技术，这进一步说明他们不需要从公司外部寻找任何其他方案。一句话，他们很有可能真的走入了一个误区。

他们看不到出路，也许就是因为他们把目光都放在了公司的内部。其实他们面临的问题一点都不复杂。他们的竞争者生产出了一种质量更好、价格更低的产品，并先于他们把产品推向了市场。解决这个问题的办法也很简单：为什么不打消自己什么都试过了的想法，重新尝试一些新的东西?

这里主要涉及一个创新的问题。他们公司必须集中力量，开发一种全新的流程、产品或服务，让它创造出一种市场迫切需要的价值主张。也许，他们需要的就是一种全新的方式——另一种采购方式，或另一种顾客沟通方式。也许，他们需要的是一项新技术——一项可以自己开发或者通过技术转让以及兼并、收购其他企业获得的新技术。只要善于学习和接受新事物，就会发现，提升自己的机会到处都是。

实际上，一家2 000多人的企业可以通过试验迅速开发或推广新技术，也可以收购具有良好配套服务的公司，或者调整管理层，吸收一些有助于打破技术范式的新面孔。他们面临的最大问题就是他们的心态——可不能像一些大公司那样闭门造车。

案例二 做学徒都得“打成器”①

善守者，藏于九地之下；善攻者，动于九天之上。故能自保而全胜也。

松下幸之助在回忆中谈到，曾经三个月的学徒生活，使他受益匪浅。松下在年轻时曾被老板送去一个朋友的自行车店当学徒：要当学徒，就得先学会骑自行车。虽然当时的松下才10岁，但从他第一天做学徒起便开始学。他每天晚上都以半蹲的姿势勤加练习，一个星期之后终于学会了。

白天的学徒生活也并不轻松：早晚打扫、整理成列物品；然后是见习修理自行车或者做助手。和铁匠的设备有所相似，修理自行车店里也有车床和其他设备，所以从小喜欢这类铁匠工作的松下当时也学会了如何使用这些机器。但当时转动车床都是人工用手转动，这对年轻的松下来说很难。最初十几二十分钟还可以支撑，到了三四十分钟手就累了，没有力气再转；这时前辈工人就会用小铁锤敲一下松下的头以示提醒。虽然以现代的眼光看这种做法确实有不合理之处，但在当时，这种粗鲁中透露着的温暖的人情味，却是松下所怀念的。他认为，做学徒都得经过这样“打成器”，才能毕业。如

① 钱亮．10分钟读懂松下幸之助．中华工商联合出版社，2013年，第4－7页。

今的企业当然不会再用铁锤针对敲打员工，但对于新人来说，磨难是另一种“打成器”。

比如很多职场新人都会有如此经历：本以为埋头苦学终有一日可以大展身手，却发现被分配到不受重视的部门，被安排做打杂跑腿的工作，得不到必要的指导和提携。像“蘑菇”一样，在阴暗的角落里自生自灭，经常还会遭到无端的批评指责，还要代人受过。因此他们中的一大部分怨天尤人，觉得生活对自己太不公平，甚至还有人干脆放弃了当初千挑万选的工作。

但事实并非如此。这段毫无光彩的“蘑菇期”对企业和个人都大有好处，可以使企业和新员工之间进行最大限度的磨合和适应。充当一只默默无闻的“蘑菇”，是绝大多数职场新人走向成熟的必经之路。

刚进入企业的大学生专业水平不相上下，人格特质却迥然不同，企业更愿意选择踏实肯干、责任感强、积极主动并善于思考的新人。持之以恒地完成简单任务、做好“小事”，会让你在周围的人中脱颖而出，领导才会放心地委以重任。而那些急功近利、心浮气躁的人，连芝麻绿豆大的事情都做不好，如何担当重任？

但从职场新人的角度来看，当踌躇满志的理想遭遇“黯淡无光”的现实，自信必然会受到重大打击，从而丧失对工作的热情，产生敷衍应付的态度。因此，如何快速、高效地度过职业生涯中那段最痛苦难熬的“蘑菇期”，积累工作经验和人生阅历，是每个职场新人必须解决的问题。

松下回忆说：一定要认真对待你所从事的工作，不放过任何鸡毛蒜皮的小事和看似微不足道的细节，竭尽所能把它们做到最好，为你的发展之路奠定坚实的基础。

正如一位作家所言：“无论做什么事情，都应该尽心尽力，一丝不苟，因为究竟什么才是大局，什么才是最重要的，这一点其实我们都不清楚。也许，在我们眼里微不足道的细节，实际上却可能生死攸关。”

厚积薄发，方能游刃有余。只有在“蘑菇期”这个艰难的过程中不断积累宝贵的经验，提高自己的工作能力和个人素质，才能为自己锻造出更强的竞争力，走上通往职业成功的道路。

做学徒都得“打成器”——“蘑菇期”是走向成熟的必经之路。

势 篇

一、兵法解读

（一）凡治众如治寡，分数是也；斗众如斗寡，形名是也；三军之众，可使必受敌而无败者，奇正是也；兵之所加，如以碫投卵者，虚实是也。

译文：管理大部队，如管理小部队一样，这是由于组织得好。指挥大部队作战，如同指挥小部队作战一样，这是由于有规定好了的信号来指挥。统帅全国军队，即使遭受敌人的进攻，也一定不致失败，这是由于“奇正”运用得正确。军队进攻所向如同用石头打鸡蛋一样，这是由于“避实就虚”运用得适宜。

解析：严密组织体系，分清层级，明确责任，下级服从上级，化大为小，便于管理。但必须思想统一，政令畅通，步调一致，号令整齐。再加上正合奇胜，以实击虚，所向无不披靡。团队战斗力就是这样形成和提高的。

（二）凡战者，以正合，以奇胜。故善出奇者，无穷如天地，不竭如江河。终而复始，日月是也。死而复生，四时是也。声不过五，五声之变，不可胜听也。色不过五，五色之变，不可胜观也。味不过五，五味之变，不可胜尝也。战事不过奇正，奇正之变，不可胜穷也。奇正相生，如循环之无端，孰能穷之哉！

译文：作战总是用"正"兵挡敌，用"奇"兵取胜。所以善于出"奇"的将帅，其战法变化就像天地那样（运行）无穷，像江河那样（奔流）不竭。入而复出，如同日月的运转；去而又来，类似四季的更迭。乐音不过五个音阶，可是五个音阶的变化，就听不胜听；颜色不过五种色素，可是五种色素的变化，就看不胜看；滋味不过五样味素，可是五样味素的变化，就尝不胜尝。作战的形式不过"奇""正"，可是"奇""正"的变化就无穷无尽。"奇""正"相互转化，就像圆环一样，无始无终，谁能穷尽它呢？

解析：企业想要成功拿到项目，和竞争对手比，项目方案需要有特长，不能循规蹈矩。具体的方法落实上，也要有创新、与众不同，令人有耳目一新之感。另外，不同的情况要采取不同的方案，充分考虑不同国家的特点，包括地理特点、文化特点，灵活应变。例如，对技术实力不强的非洲国家，提出免费培训、免费运维等，就会有较强的竞争力。

（三）激水之疾，至于漂石者，势也；鸷鸟之疾，至于毁折者，节也。是故善战者，其势险，其节短。势如张弩，节如发机。

译文：湍急的水，飞快地奔流，以至能冲走石头，这就叫做"势"。鸷鸟迅飞猛击，以至能捕杀（小鸟小兽），这就叫做"节"。所以善于指挥作战的人，他所造成的态势是惊险的，所发出的节奏是短速的。惊险的势就像张满的弓弩，短速的节奏就像击发弩机（把箭矢突然射出一般）。

解析：商业竞争中，寻找对手的弱点，并且稳准狠，一招致命。必须选择恰当时机，突然发起攻击，使对手措手不及，难以防备。不能久拖不决，当断不断，必生后患。

（四）纷纷纭纭，斗乱而不可乱也；浑浑沌沌，形圆而不可败也。

译文：旌旗纷纷，人马纭纭，在混乱的战斗中作战，要使军队不混乱；战车转动，步卒奔驰，在迷蒙不清的情况中打仗，要部署得各方面都能对付可能发生的情况而不会被打败。

解析：竞争情况纷杂，需要自身组织严密、纪律严明，经过周全考虑作出周密部署，才能使自己立于不败之地，而使对手在混乱之中被战败。

（五）乱生于治，怯生于勇，弱生于强。治乱，数也；勇怯，势也；强弱，形也。

译文：严整中蕴含着混乱，勇敢中蕴含着怯懦，软弱从坚强中发生。严整或混乱，这是组织编制好坏的问题；勇敢或怯懦，这是态势优劣的问题；强盛或软弱，这是实力大小的表现。

解析：关于治乱，勇怯、强弱是相互转化的，要使之向有利的方向转化，而避免向不利的方向转化。这主要靠管理、训练和严格要求。团队有严明的纪律、高昂的士气，压倒一切困难而不被困难所压倒的勇气和决心，对团队建设十分重要。

关于“势”和“形”。首先，要有实力，再形成势力，通过加强管理，由乱到治；通过实力，由弱变强，通过势力，由怯懦变勇敢。没有严密的管理，内部修政而保法，不能形成实力。没有实力，就没有势力，没有实力和势力，就干不成事情。“一带一路”的规划和亚投行的成立，目的就是要“形”成势力。

（六）故善动敌者，形之，敌必从之；予之，敌必取之。以利动之，以卒待之。

译文：善于调动敌人的将帅，伪装假象迷惑敌人，敌人就会听从调动；投其所好引诱敌人，敌人就会来夺取。用小利去调动敌人，用重兵来等待（掩击）它。

（七）故善战者，求之于势，不责于人。故能择人而任势。任势者，其战人也，如转木石。木石之性，安则静，危则动，方则止，圆则行。故善战人之势，如转圆石于千仞之山者，势也。

译文：善于作战的人，要依靠善于造成有利的态势以取胜，而不苛求将吏的责任。所以要能选择将吏，去利用各种有利的态势。所谓"任势"，是说善于选用将吏指挥作战，就像滚动木头、石头一般。木头、石头的本性，放在安稳平坦的地方就静止，放在险陡倾斜的地方就滚动；方的会静止，圆的会滚动。所以善于指挥作战的人所造成的有利态势，就像转动圆石从八百丈高山上滚下来那样。这就是所谓势啊！

解析：无论是决积水还是滚圆木，都是势能转化为动能，先"形"后"势"。从而因势利导，以达成排山倒海之势。善于调动一切力量，让动势能转化。

作为团队负责人，要用谋略和计策，通过周密的研讨，周到的思索，周全的安排，造成胜利之势。再依靠正确的用人和指挥，让下属去完成任务，而不是以己昏昏，使人昭昭，出了问题，推卸责任和责备下属。

二、势篇应用

本篇有承前启后、承上启下的作用。本篇既是形篇的运用，以形造势，据实力，成势力；又是下篇（虚实篇）的基础篇，正合奇胜，避实击虚，势虽神妙，总不过奇正。奇正虽变，总不出虚实。以奇正，造虚实；乘虚实，谋奇正。

孙子“据实力、成势力；以正合，以奇胜”的观点对指导企业走出去，作用十分巨大。

（一）组织严密，管理精细

一支庞大的队伍，要使其发挥战斗力，组织必须严密，管理必须精细。企业走出去，面对陌生环境、复杂情况，没有严密的组织管理，严明的组织纪律，不可能有战斗力可言。

“凡治众如治寡，分数是也；斗众如斗寡，形名是也”。一是必须有严明的组织系统。一个团队，分成几个部门，各部门的职责，部门之间的关系协调，部门考核等事项，必须考虑周全，部门职责必须明确，部门间配合必须顺畅，部门之间既有明确的职责分工，又能讲大局，看长远，整个队伍一盘棋，全体成员必须想集体之所想，急集体之所急，公而忘私，克己奉公。无智名，无勇功。二是号令统一，步调一致。遇到什么样的工作，什么样的问题，哪个部门为主，哪个部门为辅，作为管理者应该明确要求，作为部门要无条件服从，甘当绿叶，甘当铺路石，大家分工不分家，共同追求集体利益最大化。三是管理团队要先谋而后动，决策正确、责任明确。遇到特殊情况，需调整策略，则必须反应快，随机应变。必须建立纠错机制，以变应对变。难免犯小错误，保证不犯大错误，这就要求管理团队班子配备要科学，成员性格能互补，补足短板，就像“房谋杜断”，实现 $1+1>2$ 的效果。四是公正执法，赏罚分明。对“问题”员工，不管有何背景，不管与领导关系亲疏，一律严肃处理，以收杀鸡儆猴之效。

（二）善用奇正，使必受敌而无败

团队战斗力强，为战胜对手奠定了基础。真正能使自己立于不败之地，遇到竞争对手的挑战，必能战而胜之，还必须善用奇正之术。

奇和正是相对的，正的反面是奇，奇的反面是正。奇正之间相互转化，相辅相成。

1. 奇依正而存，正依奇而生。就“走出去”的企业来说，面对复杂的市场环境，必须搞好市场调研，必须融洽与业主的关系，必须得到大使馆的支持，不断开拓好新项目，承接和实施好老项目，就是企业的“正”，是企业开拓业务、壮大自己的基础和基本要求。但企业能否实现自己的目标，还必须要有自己特有的招术：即奇招，出奇制胜。如有自己的“杀手锏”：专利技术，属于人无我有；或者人有我优的服务品质等。只有这样才能胜出，使其必受敌而无败。

2. 奇招的核心是创新。思路决定出路，细节决定成败。所谓奇，就是非同一般，大部分人想不到，或者想得到也办不到，必须超常思维，不落俗套。因此，创新是奇招的核心，无论是产品创新，还是管理创新，还是观念创新，都是出奇招的根本之所在。

3. 奇招制胜的根本原因是更符合实际情况，更能解决问题。之所以以奇为胜，就是因为奇产生于实际之中，为解决实际问题而来，为更有效解决实际问题而生，他善于抓住主要矛盾和矛盾的主要方面，更站在业主的立场上考虑问题，满足业主的要求，更能抓住对手的软肋，一招定乾坤。没有认真细致的调查研究，没有长时间的经验积累，没有扎实的专业理论功底，没有严密的逻辑思维能力和超常的聪明才智，能出“奇招”是很困难的。

4. 奇正配合，方能取胜。奇与正为孪生兄弟，如影随形，须臾不可分离，也只有奇正配合，才能收制胜之效。“战势不过奇正，奇正之变，不可胜穷也。奇正相生，孰能穷之哉?”在实际业务工作中，不能只想用奇招，而忽视了正招，要知道正招是基础、是根本，没有正招做条件、打基础，奇术之效也无法发挥出来。因此，首先以正合，才能以奇胜。奇正必须密切配合，可谓“运用之妙，存于一心”，如己方尚不足以正合奇胜，也可以找合作伙伴，联合起来，一方正合，一方奇胜，优势互补，互利共赢。谁适合正就正，谁适合奇就奇，在不同的地域、不同事情、不同情况，奇正双方的角色担当也可以互相转化。

（三）势险、节短，稳、准、狠

激荡的水流能把石头漂起来，凶猛的大鸟能把被捕对象的骨头击散架。根本原因是势险、节短，动作迅速，迅雷不及掩耳。我们走出去的企业搞市场开拓，争取项目，也要坚持以快取胜，“兵贵胜，不贵久”，否则，必生变数，甚至情况会发生逆转，徒增成本，甚至连煮熟的鸭子都飞了。

1. 眼光要准，收获迅速，把可能性变成确定性，把设想变成现实。要把丛林中的鸟变成手中的鸟，就要快得别人无法观察到，无法捕捉到，但取得成功的基本前提是准，如果方向错了，背道而驰，越快则越败。因此要求决策者和管理层要科学决策，不可冒失而犯方向性错误。

2. 动作要稳，要慎重出击，要稳妥出击，要考虑周全，不留后患，避免使自己陷入泥潭不能自拔。

3. 用力要狠，要干的事情就要舍得花力气，下本钱，只要出手，就一招毙命，至少对手没还手之力，避免给对手机会，而使结果可能出现反复。

稳准狠三位一体，形成合力，慎重出手，出手必胜。方向准，行动稳，出手狠，才能做到势险、节短，占尽先机，实现完胜。

（四）求之于势，不责于人

1. 动能变势能，以形成势。由量变实现质变，要依赖于势的形成。形是现存的力量，势是发展的力量；形是静止的力量，势是运动的力量。没有形作基础，就不可能产生势的力量，没有势的力量，形的力量也不能充分发挥出来。决积水，首先有积水；滚圆木，首先要有圆木。积水和圆木就是形的力量，决和滚的初始动作，再加上千仞之高，就能将动能变为势能，使力量充分发挥出来。

2. 企业要为之势，佐其外。企业要通过技术和管理创新，具备“形”的物质基础，后寻找成“势”的客观环境，据实力，成势力，把握住机会，将自身实力发挥出来。事物也是相互转化的，“乱生于治，怯生于勇，弱生于强”，避免由治变乱主要依靠管理，避免由勇变怯主要靠“势”的力量，避免由强变弱主要靠“形”的力量。

3. 挫败不责人。“乃为之势，以佐其外”，势的力量的形成，主要靠事前的谋划和根据商战瞬息万变情况的及时跟踪，迅速调整策略，果断决策而形成的结果。能否形成“势”是团队管理层的责任，如果管理层谋“势”成功，大势所趋，气势如虹，取胜则如囊中取物，易如反掌，即使个别事项、个别人犯了错误，也往往无碍大局。反之，即使个别事情在个别环节，个别人做对了，但方向、方法、策略错了，或没有选对时机，形不成“势”，也难以成功，即所谓“倾巢之下焉有完卵”，“大厦将倾，独木难支”。因此，首先保证做正确的事，然后再正确地做事。要是反过来了，结果就大不同了。所以一定要事先研究、谋划很好，充分形成“势”，准确地把握和利用势的力量来成事，而不是苛责于人，诿过于人，怨天尤人。

三、势篇案例

案例一 IBM——创新无止境①

以正合，以奇胜，奇正之变，不可胜穷也

IBM 所制造的大部分设备都非常复杂。有些“电脑”中包含了数十万个零件。即便是最简单的产品，如电动打字机，都是非常复杂的机器。他们的产品都必然是极端耐用的精密仪器，必须经得起像打字员或记账机操作员这类不懂机械的非技术人员粗糙的操作，而只需要最低限度的维修就能保持正常运作。

但这类机器并不是由身怀绝技的工匠们制造出来的。IBM 雇佣非技术性的机器操作人员。IBM 的经验证明了企业能应用科学管理与大规模生产的原则，来生产小量而多样的复杂精密仪器。但每一项工作都需要判断力，并且让员工有机会调整工作的速度和节奏。

IBM 总裁托马斯·约翰·沃森（Thomas·J·Watson）先生曾看到一个女作业工坐在机器旁无所事事。询问后他发现，每个工人每星期都花好几个小时等待安装人员；但他们只要花几天时间就可以训练工人学会如何自己设定机器。于是他们把机器设定增列为作业员的工作项目。在这个扩大员工的工作内容之后，IBM 的生产数量和品质都大幅改善。训练每位员工能够兼顾多项工作，工作的节奏大大改善，且最大的收获是提高了员工对工作的自豪感。

IBM 的此项“工作丰富化”创新政策为半技术性员工开创了新

① （美）彼得·德鲁克．管理的实践．机械工业出版社，2017 年，第 206－211 页。

契机。在每个领班的单位中，都设有一名或多名工作指导员由资深员工担任，他们一方面做好自己的工作，另一方面协助经验不足的新手学习更高深的技能，解决需要靠经验和判断来处理的问题。这样，IBM 不需费太多精力，就可以找到值得提拔的人才，不必再担心新任领班表现不好或无法赢得部属尊敬等问题。

IBM 的第二个创新似乎一半也是因偶然事件而引发的。几年前，IBM 正在开发第一部复杂的新型电子计算机，当时由于需求量太大，结果在工程设计还没完全结束前就必须先展开生产作业，最后的详图设计是由工程师、领班和工人在生产线上共同完成的。但最后的成果现实这个产品的设计非常出色，生产作业不但大幅改善，而且省钱省时。工人们因为参加了产品和生产工作的设计，工作品质和生产力都大幅提升。今后每当 IBM 要推出新产品或改良既有产品时，都会充分应用从这次研发中学到的经验。

IBM 对员工报酬和奖励措施，也同样采取非正统的方式。IBM 一直采取标准做法：由工业工程师为每项作业设定标准产量，再根据这个标准来制定工人基本工资，超出标准产量的工人则可以获得额外的奖金。后来在 1936 年，IBM 取消了传统的薪酬标准和奖金制度，不再按照单位产量来计算工资，反而直接付工人“薪水”。工厂中不再由上级制定产出标准，反而由工人和领班一起规划自己的生产速度。IBM 再三强调没有标准产量这回事，每个人都在上司协助下，决定对自己最有效、能创造最大产出的工作速度和流程。因此，IBM 的领班和工人都越来越重视训练，尤其格外重视工作分配问题。结果每位领班都努力把每个工人放在最合适的职位上，而工人自己也会努力找到自己能表现最好的工作。

虽然在第二次世界大战期间，在大多数产业中，即使以高薪作为奖励都无法防止生产量滑落，但 IBM 的员工产出仍然向上持续攀升。

如果不是 IBM 公司稳定的雇佣政策，员工不会始终维持高产出，生产效率也不会持续上升。而这项 IBM 最根本的创新措施，早在经济大萧条刚开始时就开始实施了。

一位 IBM 主管的论点颇有道理："说我们在经济萧条时期之所以能够维持雇佣人数是因为公司成长，其实是不正确的。公司成长是因为我们承诺要努力保住员工的工作，因此必须想办法为既有产品寻找新的使用者和新的用途，也必须找到市场上未满足的需求，并且发展新产品来满足这些需求；同时，我们也不得不开发国外市场，努力提高出口销售量。我相信，如果不是因为我们在经济萧条时期，致力于维持稳定的雇佣政策，我们今天不会成为全世界首屈一指的办公室设备制造公司和外销厂商。"

案例二　如何发挥人的长处？①

善战者，求之于势，不责于人。故能择人而任势。

有效的管理者能使人发挥其长处。只抓住缺点和短处是无法成事的，因此为实现目标，必须用人所长——用其同事之所长、上级之所长和本身之所长，才能带来真正的机会。任何人都必定有很多缺点和短处，而缺点和短处是短时间内几乎无法改变的，但我们却可以设法使其不发生作用——充分发挥人的长处，共同完成任务才是组织存在的唯一目的。

不管是谁，如果他在任用一个人时只想避免短处，那他所领导的组织最终必然是平平庸庸的。有高峰必有深谷，谁也不可能是十

① （美）彼得·德鲁克．卓有成效的管理者．机械工业出版社，2017 年，第 69－96 页。

项全能。世界上并不存在真正全能的人，最多只是有在某方面特别有能力的人。美国的钢铁工业之父卡内基的墓志铭说得最为透彻："这里躺着的人，知道选用比自己能力更强的人来为他工作。"当然，卡内基先生所用的人之所以能力都比他本人强，是因为卡内基能够看到他们的长处，在工作上运用他们的长处。他们只是在某方面有才干，而适用于某项特定的工作，而卡内基就是他们的卓有成效的管理者。

当然，世界上却又多才多艺之人，但真正能在多方面都有杰出造诣的人，至今还未出现。达·芬奇多才多艺，但他最突出的成就只是在绘画上。歌德的诗如果没有流传下来，那我们今天认识的歌德，虽然知道他对光学和哲学有所研究，但恐怕无法在百科全书上找到他的赫赫大名。几位世人皆知的伟人尚且如此，何况我们这些凡人？因此，一个管理者如果只着眼于人之弱点、人之短处和人之缺失的影响，不发掘其长处并且设法使其长处发挥最大作用，对员工严厉责备，结果肯定是既完不成任务，又缺乏有效性。

过分考虑人的短处并加以责备会影响组织实现自己的目标。而重视一个人的长处，也就是要对他的工作绩效提出要求。真正"苛求的上司"（实际上懂得用人的上司大部分都是"苛求的上司"）总是先发掘一个人最擅长做些什么，再来"苛求"他做些什么。一个人不可能只有长处，必然也有短处。但我们可以设置一个组织，使人的弱点不致影响其工作和成效。换言之，我们可以把组织设置得有利于充分发挥员工的长处。一位优秀的税务会计师，自行执业时可能因拙于待人而遇到挫折。人的长处可以在组织中产生实效，而人的短处可以使其不产生实效。有效的管理者并不是不知道人有缺点。他了解他自己的任务，在于如何使某人充分发挥其税务会计的才干，而不斤斤计较于他不善于与人打交道的短板，坚持因事用人而非因人设事。

卓有成效的管理者，还要设法充分发挥上司的长处。运用上司的长处，也是下属工作卓有成效的关键。要使上司发挥其所长，不能靠惟命是从，应该从正确的事情着手，并以上司能够接受的方式向其提出建议。若能在上司的长处上下功夫，协助他做好想做的工作，便能上司有效，下属也有效。

有效的管理者对于本身的工作，也要从长处出发，使自己的长处充分发挥。当然，有效的管理者也会关心自己所面临的局限性，但有效的管理者能够勇往直前，因此别人感到非常严重的限制，在他们面前却都烟消云散了。

总而言之，管理者的任务不是去责备和改变他人。管理者的任务，在于审时度势，运用每一个人的才干。就像圣经中那段“塔兰特寓言”所暗示的，管理者的任务就是要让个人的才智、健康以及灵感得到充分发挥，从而使组织的整体效益得到成倍的增长。

虚实篇

一、兵法解读

（一）凡先处战地而待敌者佚，后处战地而趋战者劳。故善战者，致人而不致于人。

译文：凡先到战场等待敌人的就安逸，后到战场奔走应战的就疲劳。所以善于指挥作战的人，能调动敌人而不被敌人调动。

解析：这是告诉我们商战中，致人而不致于人十分重要。一是与对手谈判时要掌握主动权，事先做好周密方案，包括预案，上中下三种结果，争取最好的结果，但是不作过度的承诺，不说过多的话；二是项目实施过程中，要拿到预付款作为开工前提，要充分考虑资金是否能按时到位；三是把汇率缺口损失、物价变动水平等一定在商务合同中体现并明确补偿方案；四是地下情况复杂，如需要大幅增加工作量事前也应考虑清楚；五是遇到安全、气候变化等情况造成拖延，应明确责任由谁承担。

（二）能使敌自至者，利之也；能使敌不得至者，害之也。故敌佚能劳之，饱能饥之，安能动之。

译文：能使敌自动进到我预定地域的，是用小利引诱它；能使敌不能到达其预定地域的，是制造困难阻止了它。所以敌军休息得好，能够使它疲劳；敌军粮食充足，能够使它饥饿。敌军驻扎安稳，能够使它移动。

解析： 企业在竞争中，创新很重要，做到人无我有，人有我优，以质量、服务、价格的最优化取胜。走入新的国家，就要有新的政策、新的运作模式、新的技术设备。

（三）出其所不趋，趋其所不意。行千里而不劳者，行于无人之地也。攻而必取者，攻其所不守也；守而必固者，守其所不攻也。

译文： 进军向敌人不及急救的地方，急进向敌人意料不到的方向。行军千里而不劳顿的，是因为走的是没有敌人守备的地区。进攻必然会得手，是因为进攻的是敌人没有防守（或不易防守）的地点；防御必然能稳固，是因为扼守的是敌人所不进攻（或攻不下）的地方。

（四）故善攻者，敌不知其所守；善守者，敌不知其所攻。

译文： 所以善于进攻的人，敌人不知道怎么防守；善于防御的，敌人不知道怎么进攻。

解析： 结合上述两点，我们可以理解为“攻”乃争取项目，“守”则是防止丢项目。争取新项目时，首先应争取我方“造”（引导）出来的项目，保密工作到位，就成为对手不知道的项目；其次争取对手（他人）没有能力保住的项目，当然也包括我方使其无能力保住。防守项目时，首先是让对手不知道（藏于九地之下）；如果知道了，使其无力争。

（五）微乎微乎，至于无形，神乎神乎，至于无声，故能为敌之司命。

译文： 微妙呀！微妙到看不出形迹。神奇呀！神奇到听不见声音。所以能成为敌人的主宰。

解析：最精妙的境界是无声无息中我方已战败对手，对手根本不知道，没有阻力就拿到了项目，包括争取的新项目和防止丢掉的老项目。

（六）进而不可御者，冲其虚也；退而不可追者，速而不可及也。故我欲战，敌虽高垒深沟，不得不与我战者，攻其所必救也；我不欲战，虽画地而守之，敌不得与我战者，乖其所之也。

译文：前进而使敌人不能抵御的，是因为冲击敌人空虚的地方；后退而使敌人无法追击的，是因为退得迅速使敌人追赶不上。所以我军想打，敌人虽然高垒深沟也不得不同我（在野外）作战的，是因为进攻敌人所必救的地方；我军不想打，虽然画地防守，敌人也无法来同我军作战的，是因为我诱使敌人背离他所要走的方向。

解析：竞争要掌握主动权，不能被动地争。我方想争的项目则争，不想争的项目不争，但是如果要争，就肯定有胜的把握，不争则是因为没有胜的把握。我方要争，对手就处于非争不可地位。因此，抓住要害是调动对手的关键。比如蒙内铁路（蒙巴萨－内罗毕），关于如何还款的问题谈判，对手的关键是急于修铁路，有急于必须谈成的背景，我方就因此强势要求对方利用港口的效益作为还款的担保。最后，对手同意我方要求，使贷款的偿还有了可靠保证。

（七）故形人而我无形，则我专而敌分；我专为一，敌分为十，是以十攻其一也，则我众而敌寡；能以众击寡者，则吾之所与战者，约矣。吾所与战之地不可知，不可知，则敌所备者多，敌所备者多，则吾所与战者，寡矣。

译文：能察明敌人情况而不让敌人察明我军情况，这样我军的兵力就可以集中而敌人兵力就不得不分散了。我军兵力集中在一处，敌人兵力分散在十处，这就是用十倍于敌的兵力去攻击敌人，这样我军就成了优势，敌人就转为劣势了。能够集中优势兵力攻击劣势的敌人，那么同我军当面作战的敌人就有限了。我军所要进攻的地方敌人不得而知，不得而知，那么他所要防备的地方就多，敌人防备的地方一多，那么我军所要进攻的防守的敌人就少了。

解析：①信息很重要，在内部要对称，而与竞争对手，则需要单向，即我要了解对手，不让对手了解我；②展示假相给对手，并且做到保密；③项目进展情况和遇到的问题、解决方案，我方跟踪项目时不能让对手了解，只能让对手了解虚假信息，而对方跟踪项目时，我方要了解，并且不让对手发现；④专业、特点、品牌很重要，范围广与专业精相比，市场不饱和时，前者是优势，市场饱和后竞争激烈了，后者就是优势；⑤集中全公司力量，形成合力，即使规模小、实力弱的企业，也有胜出的机会。必要时应借助外部力量。

（八）故备前则后寡，备后则前寡，备左则右寡，备右则左寡，无所不备，则无所不寡。寡者备人者也，众者使人备己者也。

译文：所以，防备了前面，后面的兵力就薄弱；防备了后面，前面的兵力就薄弱；防备了左边，右边的兵力就薄弱；防备了右边，左边的兵力就薄弱；到处都防备，就到处兵力薄弱。兵力优劣是因为（被动地）去防备敌人；兵力优势是因为使敌人（被动地）防备我军。

解析：掌握主动，掌握先机至关重要，最妙的境界是“两岸猿声啼不住，轻舟已过万重山”！

（九）故知战之地，知战之日，则可千里而会战。不知战地，不知战日，则左不能救右，右不能救左，前不能救后，后不能救前，而况远者数十里，近者数里乎？

译文：能预料在什么地方打，在什么时候打，就是跋涉千里也可以同敌人交战；不能预料在什么地方打，在什么时候打，那就连左路也不能救右路，右路也不能救左路，前面也不能救后面，后面也不能救前面，何况远在数十里，近在数里呢？

解析："知"是前提，否则就是盲人骑瞎马，对要进入的国家、地区情况不十分熟悉，且预先考虑到可能遇到的困难问题，竞争对手可能的行动，冲突深度及利害有关方的情况，才能决定走出去的时间、地点。

（十）以吾度之，越人之兵虽多，亦奚益于胜败哉?!

译文：依我分析，越国的兵虽多，又有什么裨益于决定战争的胜败呢？

（十一）故曰：胜可为也。敌虽众，可使无斗。

译文：所以说，胜利是可以造成的。敌军虽多，可以使它没有战斗力。

解析：要让可能性转化为现实性。在客观条件下，在一定物质基础上，使用正确的战略战术（方式方法），充分调动、配置和利用资源，经过主观努力（正合而奇胜），就有可能实现胜利。

（十二）故策之而知得失之计，作之而知动静之理，形之而知死生之地，角之而知有余不足之处。

译文：所以要筹算一下计谋，来分析得失利害；激动一下敌军，来了解敌人的动静规律；侦察一下情况，来了解哪里有利哪里不利；进行一下小战，来了解敌人哪方面优势哪方面劣势。

解析：大家熟知黔之驴的典故。如果没有十足的把握，到某一国家发展，可以先派一个小分队作为先遣队了解一下情况，跟踪一个小项目测试一下水深，而不能不了解情况，把丰富资源投入到一个陌生的地方，却不能脱身：①想方设法了解对手，进行敌我双方的力量比较；②实事求是的分析情况，掌握规律，争取主动性；③积极改进，补上短板，占用优势（哪怕是相对优势）；④知战之地（主要竞争在哪里），知战之日（主要竞争的时间节点），知战的具体内容；⑤试着与对手接触、会谈，摸清对方的底细、底线，但要掌握技巧，不可形我于敌（暴露自己底线或意图）；⑥不打无把握、无准备之仗。如果条件已具备，即动于九天之上，势不可挡，一举拿下。

（十三）故形兵之极，至于无形；无形，则深间不能窥，智者不能谋。

译文：所以伪装佯动做到最好的地步，就是看不出形迹。看不出形迹，即便有深藏的间谍也窥察不到底细，聪明的敌人也想不出办法来。

（十四）因形而错胜于众，众不能知；人皆知我所以胜之形，而莫知吾所以制胜之形；故其战胜不复，而应形于无穷。

译文：适应敌情而取胜，把胜利摆在众人面前，众人还是莫名其妙；人们只知道我们在什么情况下战胜敌人，却不知道我们根据敌情（变化）而取胜，只知其然，不知其所以然。所以具体问题具体分析，与时俱进，不断创新。

解析：因时因地因敌制宜，不能纸上谈兵，切忌教条式的、刻舟求剑式的去与对手较量，而是要灵活运用多种招数，以动制动。

（十五）夫兵形像水，水之形避高而趋下，兵之形避实而击虚。水因地而制流，兵因敌而制胜。故兵无常势，水无常形，能因变化

而取胜者，谓之神。

译文：作战方式有点像水的流动，水运动的规律是避开高处而向下奔流，作战的规律是避开敌人坚实的地方而攻击敌人的弱点，水因地形而制约它奔流的方向，作战则根据敌情而决定取胜的方针。所以作战没有固定的方式，就像水没有固定的形态一样。能根据敌情变化而取胜的，就叫做用兵如神。

解析：根据客观情况的变化而变化，依据不同的国别、不同项目、不同阶段、不同对手，采用不同的应对手段，而不能千篇一律，千面一人。如果以不变应万变，迟早会遭淘汰。

（十六）故五行无常胜，四时无常位，日有短长，月有死生。

译文：五行（互生互制）没有哪一个固定独胜；四时（相接相代）没有哪一个固定不移。昼有长短，月有圆缺。

解析：只有变才是不变的。因此企业竞争必须因地、因时、因敌、因形、因势、因事制宜。

二、虚实篇应用

本篇和第四篇形篇、第五篇势篇有着严密的逻辑关系，形篇讲“形”，即积蓄力量形成实力，为胜利创造客观条件；势篇讲如何形成“势”力，因势利导，气势如虹。而本篇讲的是避实击虚，因敌制胜。这三篇论述了一个问题“胜可知”到“胜可为”，即胜利如何由可能变为可行，由预判变为现实。

企业走出去，开拓国际市场，如何取得成功？首先基于自己的现实力量，再因势利导，然后抓住对方弱点，因敌而制胜。

（一）掌握商战主动权，致人而不致于人

商战与战争一样，谁掌握商战主动权，谁就容易取得商战胜利。如何才能取得商战主动权呢？

1. “先”字当头，越早越主动越好。“凡先处战地而待敌者逸，后处战地而趋战者劳”。以逸待劳，当然就占据了主动地位。商战的先，就是占得先机，早进入某个市场，早接触某个项目，早签署商务合同，早开工建设，早打通人脉，早总结经验，这些都是占得先机的具体表现，先到就主动。否则，后到时，对手已占了地盘，形成了人家的势力范围，你要再抢过来，就要付出更大的代价。要做到早，就必须做好扎实的调研工作，早谋早决断，情况明了，决心才容易下，决策才容易做出，做出正确决策的可能性也才大一些，这就是凡事欲则立，不预则废的道理。要做到早，就必须富有一定的冒险精神，因为先，所以大家经验不足，信息量少，可参考和借鉴的做法也少，因此，必须要敢为天下先，敢于第一个吃螃蟹，有超前思维，有创新精神。要做到早，就必须有充分准备，人员安排、物资储备、前后方协调，产品方案设计，都要做到有备无患，模块化、制度化，根据需要，随时组合，时刻准备赶早出发。

2. 以义为先，善于让利。“能使敌自至也者，利之也”。第一次到达一个陌生的市场，如何在对手到达之前，占领市场，巩固市场，让对方接受你和你的产品，当然要道义为先，合作共赢，目的是为了满足对方的需求，解决发展所急需，把实现自己的盈利目标融入到支持对方发展，补足对方短板，满足对方市场需求，解决对方就业和增加税收中去。首先要做好方案设计，方案要实现对方意图，解决对方最关心的问题，方案要成本低、见效快，方案要尽量简单明了，简单易行。其次要善于与对方沟通和联系，充分尊重对方，

平等相待，以理服人，在合作中相互理解，在理解中顺畅合作。最后要善于让利，第一要让利，第二要把利让在明处，第三把利让在对方最想要的地方。如对方特别重视培训，就免费搞好培训，对方特别重视维护，就免费搞好维护，对方特别急需捐赠公益事业，就适当免费对公益事业捐赠等等。

3. 争取主动，避免被动。业务开展中处于被动地位，受制于人，主要是因为应该事先谋划的事情没有谋划周全，应该事先防范的风险措施没有落实到位，应该我方做的工作没有做到位。要么是因为业务能力差，经验缺乏，要么是因为以利为先，太计较利益。

“先立于不败之地，而不失敌之败也”。应该由自己做的事情，首先做好，可能遇到的问题，要考虑周全。

同时，要抓住对方要害，“攻其所必救”，使对方按我方要求行动，否则，对方的损失更大。比如签署商务合同后，拿到对方预付款，我方就主动了；对银行来说，旧项目发生拖欠，新项目不提款，担保措施不落实，就不批贷，而使他方国家领导人最关心的新项目就无法推动等等。

（二）到竞争最不激烈的地方或行业去

市场的发育程度，在各地区各国家是不平衡的，企业竞争也不是每个国家、每个地区一样激烈。“进而不可御者，冲其虚也”，在对手经营深度较浅的地区，对手专业化水平与我方比较相对较低的行业里开展业务，遇到的阻力就小一些，胜算的可能性就大一些。东南亚市场竞争激烈，我就到非洲去；南部非洲竞争激烈，就到东非去；修路架桥不是我的强项，我就主攻机场等等。当然，竞争激烈与否是相对的，一方面要阶段性地看，在某阶段这个地区或国家竞争激烈，企业之间，各自都有自己的市场空间，或已划分势力范围，如果没有能力，最好“强而避之”，再寻找其他国家或地区，或由首都到省会，或由城市到农村；另一方面，竞争力与企业自身的财务实力、专业特色也有关系，要扬长避短，充分发挥自己的特长，比如先垫付资金施工，适度投资等，干自己的本行、主业，干我方擅长的项目。要以碫击卵，不要以卵击石。

（三）我专而敌分，以相对优势，对相对劣势

世界上没有绝对的优势，也没有绝对的劣势，优劣势是相对的，就一个具体项目来说，能否在与对手的竞争中获胜，既取决于一个企业的整体实力，更取决于与对手之间的相对实力强弱。如果我专而敌分，我总体实力不如对手，但我调动全公司的资源，组成一个很有实力的团队，集中全公司优秀人才、优势资源，在对一个项目、一项具体业务的竞争中，与对手相比，占据相对优势，在竞争中脱颖而出，我专为一，敌分为十，是以十攻其一，故我众而敌寡。第一，形人而我无形，全面掌握项目进展情况、业主要求、竞争对手实力状况，使对手的实力状况、竞争方略、核心竞争力全部在我方掌控之中，而我方情况，使对方不能知晓，或不能准确知晓。第二，全面分析敌我双方的实力，优劣，分析差距及弥补措施。第三，集中我方优秀人才，组成专业竞争团队，形成在具体项目竞争中的相对优势。第四，在对手没准备好之前，发动攻击。出其不意，攻其不备，一举战胜对手，拿到项目。这样，就可以掌握竞争主动权，即知战日，知战时；避实击虚，集中优势兵力，战而胜之。

（四）深入实际，大胆创新

创新是发展的不竭之源，也是企业开拓海外市场的根本点。“出其所不趋，趋其所不意”。“攻而必取，攻其所不守也，守而必固者，守其所不攻也。善攻者，敌不知其所守；善守者，敌不知其所攻"，其中都蕴含着很深的创新思想，企业是创新的主体，企业家是创新的核心，企业家精神是创新的不竭源泉，企业在海外开拓市场，竞争项目，必须始终把创新放在重要的位置，不断创新产品，创新管理，创新观念，创新思路，唯有如此，走出去的道路才能越走越宽广。

1. 创新的本质就是更符合市场需求，创新能否成功，归根结底要接受并经得起市场的检验。经不起市场检验的创新，就是不符合市场的需求的创新，就算不上成功创新，顶多是个标新立异，没有成效。因此，必须深入境外市场实际，了解需求，了解目前产品之所以不能满足市场需求的原因，有针对性的改进，以达到更符合市场需求的目的。

2. 创新的直接表现是以奇制胜，对方没想到的，或者想到了没有做成的，我方想到了也做到了。我方更能解决业主关心的问题，更能满足业主需求。"出其所不趋，趋其所不意"。

3. 创新的方式可以多种多样，有产品创新，有组织流程创新，有运作模式创新。比如对手搞 EPC 模式，你跟业主提出 BOT 或 PPP 模式，这样对管理经验不足、资金不足或者借贷能力比较差的国家就很有吸引力。

（五）试探和实验，有的放矢

既然是创新，就是过去没有尝试过，没有经验可循。到底行不行，能不能满足业主需要，符合市场需要，能否胜过竞争对手，都有不确定性。这种情况下，盲目投入大量资金，一旦失败，就会损失惨重。为了稳健发展，必须慎重决策、谨慎投资。按照"胜兵先胜，然后求战"原则，通过试探和实验，成熟了再推广，积累了经验再推广。通过“策之，作之，形之，角之”，分析得失，了解对手和市场反应，确定我方所居竞争位置和充当的角色，以及判断我与对手孰强孰弱，根据试探和实验情况再作决策。

（六）因地而制胜，因敌而制胜

兵形像水。商形也像水，水避高而趋低，因地而制流，商战也要避实击虚，因市场而制胜，水本身没有形状，水适应地形，地形有什么特点，水就怎么流淌，水至柔，但可以冲破万座高山。商战也像水一样，充分适应市场需求，市场是什么特点，商战就应该有什么特色。

1. 市场有什么需求，是进行商战首先应该搞清楚的。搞不清楚市场需求特点进行商战，就是先战然后求胜，具有很大盲目性，难以取胜。

2. 避实击虚，避免搞同质竞争，市场有需求而没有被满足的行业、产品，就是我方努力的目标，对手所擅长的，我方就应该强而避之，另辟蹊径。硬拼无异于以卵击石。

3. 兵无常势，水无常形。商战不是一成不变的，市场需求变化了，我方就应该根据市场的变化而变化，水因地而制流，商战也因地而制胜。市场环境变化，是商战应该极为关注和重视的，以变应对变。权变思想是商战制胜的重要思想。根据市场变化、对手的变化而相应变化，才能取得商战的胜利。

三、虚实篇案例

案例一 被并购后，要接受现实①

水因地而制流，兵因敌而制胜；故善战者，致人而不致于人。

一位读者问韦尔奇：我所在的那家小公司最近被一家全球性的跨国企业给收购了。我看不惯他们的做法。为了把我们完全改造成像他们一样的人，公司的新老板首先就要破坏我们值得他们收购的价值。我喜欢我们原来的公司，我打算离开这里。我该走还是该留？

韦尔奇回答说：

你提到“公司的新老板”、“我们原来的公司”时，你的语气已经说明了问题。你听起来就像是那种自从出现公司收购以来每一次公司收购活动中都会出现的老顽固。你是一个抵制变革的人。如果你不改变你的行事方式，你恐怕在这里待不了多长时间。

现在，我们一点也不想淡化收购交易的难度。当你们公司被收购或并入另一个企业的时候，即使是“平等合并”，对被合并的企业来说，给员工的感觉都好像是企业死了似的。过去的一切工作关系突然不复存在，曾经拥有的一切荣誉都将被人忘却。未来一下子让人觉得变化莫测，形势似乎骤然严峻起来。总之，对于被收购企业的员工来说，公司收购往往让人感觉非常可怕。

要想办法让自己欣赏你的新上司，认同新公司的价值标准和工

① （美）杰克·韦尔奇，苏茜·韦尔奇．赢的答案．中信出版社，2013 年，第 196－198 页。

作惯例，伸出双臂，热情地拥抱你的未来——不管在前面等待你的是什么。

但是，你必须面对现实。优秀的公司（买方）在进行收购交易的时候，感觉往往非常好。他们激动、兴奋，对前景非常乐观，憧憬着可能从当前交易中获得的各种机会。（毕竟，他们为收购的顺利实现付出了不菲的代价！）其中的一个机会就是从被收购的公司里发现他们需要的优秀人才。事实上，精明的收购方往往总是想着，“我们又可以从一大批新员工中挑选人才了”。

在新老板设法从合并过来的团队中物色最佳人选的时候，他们看重的是两个方面：能力和专注——他们要求心目中的人选同时具备这两个特点。仅仅有能力是不够的。事实上，我们参与或观察过数百个并购活动，让我们印象特别深刻的一点是，公司更愿意吸纳那些认同新公司行事方式的人，而不是那些抱残守缺的人，即使后者的智商更高。没有一个收购方愿意收留那些整天张口闭口“过去的好日子”的人——他们有多强的能力都不重要。

总而言之，收购方认为，如果你不赞同这一收购，你就是反对它。即使你以为自己掩饰得很好，新老板还是能够感觉到你的抵触情绪。如果事实是这样，那么，不用多久，是去是留就由不得你了。

注意，变革是痛苦的。但对于企业来说，这又是不可避免的。对你最好和美好的回忆说再见，因为那已经是过去的事情了。想办法让自己欣赏你的新上司，认同新公司的价值标准和工作惯例，伸出双臂，热情地拥抱你的未来——不管在前面等待你的是什么。

如果你做不到这一点——也就是说，如果你实在无法接受现在的公司就是你原来的公司这一点，那么，你还是趁早离开吧。抵制变革的人是不可能如愿以偿的。过去的日子已经一去不返了，如果你还对过去的日子念念不忘，那么，你就是在破坏将来的好日子。

案例二 胸怀大志，不满足于一时的小成就①

故善战者，致人而不致于人。

许多人在创业初期都怀揣梦想，并且会为了达到这个梦想而不辞辛苦，不断努力，奋发图强。但一旦取得了一些小成绩，他们中的一部分就会得意忘形，自我陶醉，不思进取。还有一部分是因为知道前方的路更加艰难，既然已经有了一点可以炫耀的资本，就止步不前，抱着“守旧”的观念，不再有动力去为最初的梦想而努力。

松下认为他之所以有别于一般职员最后取得成功的诀窍之一，就是不满足于小成就。从最初的见习生慢慢爬升到工地负责人和检验员，松下并不满足于众人认为的舒适惬意、心满意足、安安稳稳的生活，他炙热上进的心中迸发出一腔热血。他不顾疾病的影响，继续研究之前的改良插座架，不断奋斗，最终取得了辉煌的成绩。

作为一个创业者，常常会面临诸多的诱惑和困难。小小成就虽然也是一种成就，也是安身立命的资本，但社会的变化太快。长江后浪推前浪，不进则退。如果维持现状，原地踏步，那么就会被社会的潮流抛在后头，反而让后起之秀无尽超越。相比起来，那些所谓的“小小成就”就不值得一提，甚至还会面临被淘汰的可能。

如果创业者不满足于目前的小小成绩，他就会充实自己，提升自己，不断将项目做大做强，为社会做贡献，为自我提价值。一个不满足于目前成就的人，就会积极攀登高峰，不断挖掘开发自己的潜能。

人永远不要忘记自己的初心和梦想。

---

① 钱亮.10分钟读懂松下幸之助.中华工商联合出版社，2013年，第43－46页。

如果你轻言放弃，那么不但会让自己失去成长的机会，有时还可能阻碍他人前进的道路。因此，眼前的一点成就或者荣誉可以让你暂时地兴奋一下，但切忌为了它而迷失自己，忘记了最终的目标是什么。

所以，对那些永不停下追梦脚步的人来说，他们总能感觉到自己身上还存在的不完美因素，因而总是渴望进一步改善和提高。他们身上洋溢着旺盛的生命力和韧性，从不墨守成规，陶醉在现有或已有的成就里等着别人来超越。这使得他们认为事物可以不断改进，想方设法朝更美好、更充实、更理想的境界努力，在一次次改进和完善中提升自我，完美人生。

无论对一个企业还是一个个人来说，安于现状，最终的结果就是逐渐荒废和消亡。只有那些不满足于现状，渴望着点点滴滴进步、时刻希望攀登更高层次的人，才愿意挖掘自身全部的潜力，主动掌握自己的命运，达到成功的巅峰。

军争篇

一、兵法解读

（一）凡用兵之法，将受命于君，合军聚众，交和而舍，莫难于军争。军争之难者，以迂为直，以患为利。故迂其途，而诱之以利，后人发，先人至，此知迂直之计者也。

译文：凡是用兵的规律，主将接受国君命令，从动员组织民众、编制成军队到同敌人对阵，在这过程中没有比（战略前进中）争取先机之利更困难的。争取先机之利之所以困难，是因为要把（从表面看是遥远的）迂回的弯路，变为（实际上是近便的）直路，是要把困难变成有利。所以故意迂回绕道，并用小利引诱敌人，这样就能比敌人后出动而先到达（所要争夺的战场要地），这就是懂得以迂为直的计谋的。

解析：所有的准备都是为了战斗（竞争、拿到项目），重要的战斗尤其是关乎全局的决战（如关乎一个国家的进入、一个项目的建设运营等重要的谈判），都必须高度重视，精心准备，做好预案，讲究策略，多谋善断，务求必胜。

企业进入一个国家求发展，采取主动让利、多做公益事业，也是"以迂为直、以患为利"的具体运用。

（二）故军争为利，军争为危。举军而争利，则不及；委军而争

利，则辎重捐。是故卷甲而趋，日夜不处，倍道兼行，百里而争利，则擒三将军，劲者先，疲者后，其法十一而至；五十里而争利，则蹶上将军，其法半至；三十里而争利，则三分之二至。是故军无辎重则亡，无粮食则亡，无委积则亡。

译文：所以争取先机之利是有利的，同时争取先机之利也是有危险的。如果全军带着装备辎重去争利，（这样行军迟缓）就不能及时到达预定地域；如果放下重装备和辎重去争利，装备辎重就会丢失。因此，卷起盔甲，轻装急进，昼夜不停，加倍行程来赶路，走上百里去争利，（如果遇到意外情况）那么三军将领都可能被俘，队伍强壮的先到，疲弱的掉队，其结果只有十分之一的人马赶得到；走五十里去争利，（如果遇到情况）先头部队的将领会受挫折，队伍只有半数赶得到；走三十里去争利，可能有三分之二赶得到。要知道军队没有随军辎重就不能生存，没有粮食接济就不能生存，没有物资补充就不能生存。

解析：以迂为直一般会造成成本高、风险大，因此要分析和权衡厉害。如果物质条件不具备，只图快，也是不行的。

（三）故不知诸侯之谋者，不能豫交；不知山林、险阻、沮泽之形者，不能行军；不用乡导者，不能得地利。

译文：不了解列国政治动向的，不能预定外交方针；不熟悉山林、险阻、水网、沼泽等地形的，不能行军；不重用向导的，不能得到地利。

解析：事先准备不足，人员安排不足，物质条件不充分，又对具体国别和具体的项目情况了解不充分，与该国项目有关的人员也没有建立良好合作和互信关系，也不愿意花钱聘用顾问或者代理，事情就难办了！

（四）故兵以诈立，以利动，以分合为变者也。

译文：军队要用计谋隐蔽自己的意图，根据有利的情况决定自己的行动，把分散和集中兵力作为（战略战术的）变化的。

解析：以合适的方法去做事，以利益追求为目标（趋利避害）。同时，组织体系也要相机而动。

（五）故其疾如风，其徐如林，侵掠如火，不动如山，难知如阴，动如雷震。

译文：所以军队的行动迅速起来像疾风，舒缓的时候像森林，攻击起来像烈火，不动的时候像山岳，难以窥测像阴天（看不见日月星辰），一动起来像迅雷（不及掩耳）、闪电（不及瞬目）。

解析：我们的组织需要纪律严明、训练有素，令行禁止，步调一致，临危不惧，勇往直前。只有“有道、有能、有素、严明”的组织才能做到这些。

（六）掠乡分众，廓地分利，悬权而动。

译文：掳掠乡邑，分配俘虏来的人众，扩张领土，分配掠夺来的资源，衡量利害得失，然后决定行动。

（七）先知迂直之计者胜，此军争之法也。

译文：事先懂得以迂为直的计谋的就胜利，这就是争夺先机之利的原则。

解析：采取迂回战略，避实击虚，以迂为直，不能硬拼，不能以卵击石。而要争取以碫击卵，赢得先机。

（八）《军政》曰："言不相闻，故为鼓金；视不相见，故为旌旗。"夫鼓金旌旗者，所以一人之耳目也；人既专一，则勇者不得独进，怯者不得独退，此用众之法也。故夜战多火鼓，昼战多旌旗，所以变人之耳目也。

译文：《军政》说："因互相间听不见讲话，所以设置锣鼓；相互间看不见动作，所以设置旌旗。"锣鼓、旌旗，是统一军人耳目的，人们的视听既然一致，那么勇敢的就不能单独前进，怯弱的也不能单独后退了，这就是指挥大部队作战的方法。所以夜间作战多用火光和鼓声，白天作战多用旗帜。这些不同的指挥讯号是为了适应人们的视听而变动使用的。

解析：想要做到"纪律严明、步调一致"，也需要技术保障，需要通信畅通。比如到达一个新的国家，尽快购买当地的手机卡、开通上网服务等，以确保联系顺畅。

（九）故三军可夺气，将军可夺心。是故朝气锐，昼气惰，暮气归。故善用兵者，避其锐气，击其惰气，此治气者也。以治待乱，以静待哗，此治心者也。以近待远，以佚待劳，以饱待饥，此治力者也。无邀正正之旗，勿击堂堂之阵，此治变者也。

译文：对于敌人的军队，可以打击它的士气，对于敌人的将领，可以搅乱他的决心。早晨朝气饱满，当午逐渐懈怠，傍晚就疲乏思归了。善于用兵的人，要避开敌人（初来时）的锐气，等待敌人松懈疲惫时再去打它，这是掌握军队士气的方法。用自己的严整等待敌人的混乱，用自己的镇静等待敌人的轻躁，这是掌握将领心理的方法。用自己部队的接近战场等待敌人的远道迎战，用自己的部队安逸休整等待敌人的奔走疲劳，用自己部队的饱食等待敌人的饥饿，这是掌握军队战斗力的方法。不去拦击旗帜整齐（配备周密）的敌人，不去攻击阵容堂皇（实力强大）的敌军，这是掌握机动变化的方法。

（十）故用兵之法，高陵勿向，背丘勿逆，佯北勿从，锐卒勿攻，饵兵勿食，归师勿遏，围师必阙，穷寇勿迫，此用兵之法也。

译文：用兵的法则：敌军占领山地不要去仰攻，敌军背靠高地不要去正面攻击，敌军假退却不要去跟踪追击，敌军精锐所在不要去攻击，敌军用小利诱我不要上钩，敌军退回本国不要去拦截，包围敌人要留个缺口，敌军已到绝境（可能拼命时），不要急于迫近。这是用兵的法则。

解析：对手占主动地位时，不要去攻，不要贪小利；也不要把对手逼到墙角，要给对手一些余地，所谓与人方便，与己方便。因此不要说过头的话，不要做过头的事，各为其主，项目拿下即可，不要伤害对方。

二、军争篇应用

军争篇是形篇、势篇、虚实篇的继续和升华。形篇和势篇是战前准备，使作战的客观条件具备，并加以灵活运用，造势和用势。虚实篇是从战术上阐明避实击虚，以碫击卵。本篇是在前述基础上的千里会战，大的战役、关系全局的军争，是决战，故关系国家存亡。

企业“走出去”，是企业的战略选择，代表的市场前景和利润增长点，甚至关系企业的未来，一项海外业务能否开拓成功，一个海外项目能否顺利建成，对企业来说十分重要，前期系统的准备，也投入了大量的人力、物力、财力，最后能否取得成功，拿下项目，既是前期准备工作的效果检验，也是前期投入的收获期。因此，会战结果自然是企业所十分关心的，会战的胜利是企业所极力追求的。

（一）企业应深知会战之难，懂得“迂直、患利”之理

企业经过周密的决策和部署，充分的战前准备，为着一个目的，就是开拓业务，拿到项目，并且执行好项目。能否实现这一目标，可能直接决定企业的生死存亡。竞争的胜利，不仅决定着先期投入的人力、物力、财力能否收回，能否找到承载主体来证明投入是否有效，而且还关系到下一步竞争的信心、经验以及下一场竞争的成败。因此，企业的前方团队领军人物受公司总部委派和公司领导的信任，动员组织团队到异国他乡安营扎寨，与竞争对手对垒，最难的莫过于与对手争夺制胜的有利条件。条件有利，竞争取胜的可能性就大。

如何争取有利的制胜条件呢？要运用好“以迂为直、以患为利”。迂是直的对立面，患是利的对立面，迂、患表面上看，对我方肯定不利，但正因为迂回曲折、害处很多，对手的资源配置最薄弱、抵抗力最小，也就是对手“虚”的方面。我方就容易攻破，后人发、先人至。同时以迂为直、以患为利的过程，就是名义上走了弯路，遭受了损失，实际上避实就虚，强而避之，可以为我方实而备之，积蓄力量，先胜而后求战，而创造了条件，以收“攻其无备、出其不意”之效。

从企业竞争的地域来说，不一定到热点国家，热点地区，也不一定非到某些国家的首都去竞争。热点国家、地区名义上机会多，实际上参与竞争的企业也多，不仅有中资企业，还有外资企业，参与的企业都配备相对优势的资源，因此后来者往往处于不利的竞争地位；相反，一些冷门国家和地区，竞争对手力量部署相对薄弱，作为业主选择的范围和机会也相对较少，竞争压力小，竞争胜出的

可能性相对就较大。另一方面，企业到一个陌生的市场，从来没有做过项目，如何进入新的市场发展呢？通过实施一个援外项目，或通过做别人的分包商，先熟悉市场环境，积累人脉，为后续深度进入创造条件，“策之而知得失之计，作之而知动静之理，形之而知死生之地，角之而知有余不足之处”，通过分析而知利害得失；通过接触，而了解对手动作的规律；通过查明市场的情况而了解商业环境；通过试验，而明晰我与对手相比的优势和不足。只要在正确的轨道上，只要认真努力地做好每一个细节的工作，就会“后人发、先人至”，后来居上。这就是以迂为直、以患为利的道理。

（二）会战必须有物质基础作保障，以投资环境良好为前提

1. 物资准备是会战基础，“千里会战，一决胜负”，会战既有有利的一面也有不利的一面。现代社会，随着交通运输工具的发展，运送物资早已不是孙子时代的艰难，但是费用却十分庞大，既有装备制造产品购买的支出，又有不菲的运输费用付出，因此没有殷实的财力作保障，竞争项目和执行项目都是不可能的。即使是业主支付款项，也是项目阶段性完成之后支付前期费用，比如地勘、设计费用等，都需要企业自己先前期投入。此外，人员费用、房屋租赁费、差旅费、管理费、业务费、咨询费等也需要投入。因此，“军无辎重则亡，无粮食则亡，无委积则亡”。

2. 友好的投资环境是会战前提。除了物质准备之外，还需要“伐交”、“伐谋”。在当今世界经济形势下，国与国之间关系既有世界经济一体化，经济往来十分密切，谁也离不开谁的一面。贸易自由化、便利化是大势所趋，谁也不能不与其他国家往来而独善其身；但另一方面，国际竞争也日趋激烈，每个国家都想方设法保护本国民族产业，而又千方百计地占领其他国家市场。因此国与国之间的

外交关系是否友好，投资协定是否签署，关税如何设定，这些投资的大环境必须认真研究，在决定“会战”之前要了然于心。

除了国与国的关系，还要了解目标国的具体情况，“不知山林、险阻、沮泽之形者，不能行军”，安全环境、用工制度、法律及税收制度、财务政策等投资经营的客观环境也要详加考察，不可盲人摸象，蜻蜓点水。

3. 要选好有实力的代理。“不用乡导者，不能得地利”。到陌生环境，企业无论如何了解情况，都难免挂一漏万，不深入、不具体而有失偏颇。因此要用“乡导”做引路人，才能充分利用好环境，真正做到知彼知己，知天知地。

如何选择代理，是企业走出去的重要一课。一定要选有实力、有能力、讲信用的代理。通过代理的引导，让业主了解我方、信任我方、选择我方。没有具备相当实力的代理帮助，只靠自己误打误撞，取得彼方信任来开拓业务难度很大，况且，有些国家法律规定，外国企业在本国争取项目必须通过本国代理，没有代理介绍、引见，政府有关部门工作人员不会与我方接洽。

与代理的合作关系能否持久、顺畅，关键在于双方的互相理解、信任，这需要我方诚实守信，一方面要有实力、有能力，把项目执行好，又要讲道理，按规矩出牌，“以利诱之，以卒待之”。合作好了，不仅可以通过代理开拓业务，取得项目，而且在项目执行中遇到困难，需要业主甚至政府协调时，代理也可以出面帮助，解决问题。

商战中的“以正合、以奇胜”，其中间也隐含着代理的作用。在我方按规矩出牌，凭实力与对手较量的前提下，如果拥有实力强的代理，很可能就出奇制胜了。

（三）前方团队正确的指导方针，严密的组织管理是会战的法宝

千里会战，能否胜利，主要取决于前方团队的作用。因为与业主打交道最近的是前方团队，与代理直接打交道的也是前方团队，最了解情况的还是前方团队。因此，前方团队是会战的直接参与者，能否在后方的指导、支持下，依靠前方力量取得业主的信任和合作方的认可，从而胜出，主要取决于两个方面，一是正确的作战方针，二是团队严密的组织管理，即修道而保法。

1. 正确的作战方针。军争取胜的法宝是以迂为直，以患为利，目的就是为了先处于有利的竞争地位。要用谋略，多变而用奇，形人而我无形，想方设法隐蔽我方意图，而使对手的意图暴露在我方面前，以奇异多变的战术，使对手丈二和尚摸不着头脑，从而取胜。

本着有利则动，无利则止的原则，确定进退方针。第一要未战先算，要进行认真研究，确定报价要有理有据，搞好成本核算；要搞好认真细致的调查研究，如报价有利可图就干，无利可图就慎干。第二眼前利益与长远利益结合起来，如果为了长期进入某一市场，需要让利就让利，要算大局账，算长远账，算战略账。要用发展眼光看问题，不可刻舟求剑。

以变应对变，以分合为变，因敌制胜，因地制胜。根据对手的变化而变化，根据业主的要求而变化，根据工作需要而变。团队人员是采用统一还是分散的组织体系，内部工作如何调整和分工，完全根据工作情况的变化而变化，不能采用僵化的组织体系，应对变化的实际工作。

2. 严密的组织管理体系。事情归根结底是由人来做的，因此，能否做好与人的主观能动性有很大关系。在海外工作本来就面对陌生而复杂的环境，又加上业主和对手的变化，给工作带来更多不确

定因素，如何战胜对手，满足业主需求，开拓和占领市场，主要取决于团队的组织管理。

因此，务必要高标准，严要求，同心同德，上下同欲，心往一处想，劲往一处使。服从命令听指挥，一切以工作为重，一切以大局为重，像风一样迅疾，像森林一样舒缓，像火一样猛烈，像山一样安静，像天阴天晴一样难以预判，像雷霆一样迅速不及掩耳，令行禁止，“勇不得独进，怯不得独退”，步调一致，使三军之众若使一人。这样团队的战斗力才能适应激烈竞争的需要、胜任工作，这样的团队才能招之即来，来之能战，战之能胜。

3. 合理的激励机制。人的积极性是会战的关键，如何调动人的积极性，是海外团队管理者的一个重大课题。既要避免唯物质论，一切以奖金为中心，唯钱是用，也要避免唯精神论，只讲奉献不讲索取。奖励的多少一定与实际贡献程度密切结合，赏之所赏，罚之所罚，无论受赏受罚人员和他人都心服口服。

（四）善用“四治”，力克“八戒”

夺气，夺心，即打击对手的士气，动摇对手的决心，讲究对敌的方式方法，是与对手会战需要牢记的。

1. 善用“四治”。四治是指“治气、治心、治力、治变”，孙子说，朝气锐，昼气惰，暮气归，讲的主要是团队的精气神，一个团队朝气蓬勃，斗志昂扬，信心百倍，这支团队是不可战胜的。如果对手这样，这个时候要避其锐气，要用自己团队纪律严整来等待对手混乱；要用自己的镇静自若，等待对手的哗变急躁；要占领优势地位，以近待远，以逸待劳，以饱待饥，即要用有准备等待对方无准备，以我方的强大等待对方的虚弱。不要与整齐如一、部署周密的对手发生对抗，不要与阵容强大、实力雄厚的对方发生冲突，要随机应变，避实击虚。

2. 力克“八戒”。对已经在市场上占据有利地位、与外方业主建立良好合作关系的对手，不要硬攻，要避其锐气，对手以小利诱惑我方时，不可上当；对陷入绝境的对手，不要过分打压，等等，都是战胜对手的重要战法，要灵活运用，免遭失败。

三、军争篇案例

案例　任用本地人才，发挥主场优势①

> 不知诸侯之谋者，不能豫交；不知山林、险阻、沮泽之形者，不能行军；不用乡导者，不能得地利。

一位读者问韦尔奇：自从捷克共和国和其他中东欧前社会主义国家纷纷向外来投资者打开大门之后，许多外国公司——尤其是美国公司和欧洲公司——都直接派人到那里管理当地的业务。问题是，他们派出去的往往是一些对管理一窍不通的无能之辈。他们只有一个本事，就是会讲他们的母语。他们的工作毫无建树，公司业务只是依靠当地员工的忠诚和工作热情勉强维持。为什么总是会有一些公司犯这么愚蠢的错误？

韦尔奇回答道：

他们不是愚蠢，他们只是感觉不自在。就像是在法国巴黎香榭丽舍大街的麦当劳餐厅吃饭的美国游客，或者在迪士尼乐园里携带

① （美）杰克·韦尔奇，苏茜·韦尔奇．赢的答案．中信出版社，2013 年，第 34 – 37 页。

着葡萄酒的法国游客一样，他们宁愿要一种自在感，而不在意饭菜是否地道、葡萄酒的味道是否纯正。同样，喜欢按照过去熟悉的老办法行事虽然不是一个值得提倡的管理原则，但确实是人们习惯的行为方式之一。

所以说，你提的问题很有普遍性，这种问题不仅是在中东欧前社会主义国家管理业务的那些人会遇到。从经济全球化的初期开始，公司在开展国外业务的时候就有一种"因循守旧"的趋势。当日本人在美国或其他地区开展业务的时候，他们往往会任命日本人担任最高管理者。德国、英国和其他很多国家的驻外公司，也都是这样运作的。他们往往要任用一个信得过的"自己人"来管理远在海外的业务，尤其是在他们刚刚进入一个国家的初期阶段，对当地市场非常不了解的时候。

这里的"初期阶段"很关键。如果数年之后，这些公司早已克服了"不自在"的感觉，但还要坚持用本国人来管理国外业务，那时候，就会出现你说到的这种问题。这种策略会让公司损失很多宝贵的机会。为什么？因为当地人总是更了解自己的国情。他们熟悉政府的工作程序和人们的思维习惯；他们知道本国的哪些大学能培养出最优秀的人才；他们能听懂人们在电视上、客厅里、酒吧间、车间里谈论的有关国家政治前景、经济发展的所有内容。他们往往可以轻松自如、游刃有余地协调、管理整个系统。所以说，很多优秀的公司认为，越早让当地管理人员来负责国外业务越好。最优秀的公司从他们开展国外业务的第一天就开始到处物色本土人才，并用国际培训课程进一步提升他们的管理才能，其目的就是为了培养大量的中层管理人员，最终从中挑选本土市场的最高管理者。

毫无疑问，总会有一些行动迟缓的全球企业，不能及时将国外业务的管理权交给本土经理人。最终，当动作迅速的后来者为了扩张市场份额而“挖走”本土管理人才的时候，行动迟缓的公司注定要饱尝人才危机之苦。在蓬勃发展的东欧各国及亚洲国家，抢夺专业管理人才的竞争愈演愈烈。所以，没有一个国外企业会一直让本土员工待在较低的职位上，仰洋老板之鼻息。如果其他公司能够提供更好的发展前景和未来规划，本土人才就会带着他们的专业知识，毫不犹豫地离开原来不受重视的职位。

现在你知道了，那些“愚蠢”的公司之所以那样做，是因为他们害怕将公司业务交给不可靠的人，才不敢大胆尝试任用本土人才。现在你就不用过分担心了。这个问题属于典型的可以自我修正的问题。到了一定的时候，有眼光的企业自然而然就会让本土经理人执掌帅印——他们也必须这样做。

九变篇

一、兵法解读

(一) 孙子曰: 凡用兵之法, 将受命于君, 合军聚众, 圮地无舍, 衢地交合, 绝地无留, 围地则谋, 死地则战。

译文: 孙子说, 凡用兵的法则, 主将接受国君的命令, 动员组织民众编制成军队 (出征), 在"圮地"上不可设营, 在"衢地"上应结交诸侯, 在"绝地"上不可停留, 遇到"围地"就要巧出计谋, 陷入"死地"就要坚决奋战。

解析: 关于地形对企业走出去的意义, 如何古为今用, 可以从两个方面理解。一方面考虑安营扎寨, 即在当地设立代表处 (分公司、项目部), 这是纯粹的地理位置选择, 一定要考虑交通便利、驻地安全、环境优美、设施完善。另一方面考虑业务开拓, 不仅考虑地理位置, 而且考虑业务发展环境, 如项目多少、潜力大与否, 配套设施完善与否, 通信如何? 水电如何? 投资环境 (税收、法律、腐败状况、政府效率)、国家安全状况、用工、当地人员素质、工会组织强弱、中资企业进驻情况, 甚至国家参与深度等。

(二) 途有所不由, 军有所不击, 城有所不攻, 地有所不争, 君命有所不受。

译文：道路有的（虽可走而）不走，敌军有的（虽可打而）不打，城堡有的（虽可攻而）不攻，地方有的（虽可争而）不争，国君的命令有的（虽可受而）不受。

解析：企业到国际去发展，要谋大局、看长远、抓根本，抓住主要矛盾和矛盾的主要方面。若欲无所不顾，就无所顾及；如欲无所不得，则一无所得。

（三）故将通于九变之利者，知用兵矣；将不通于九变之利者，虽知地形，不能得地之利矣；治兵不知九变之术，虽知五利，不能得人之用矣。

译文：将帅能精通以上各种机变的运用，就是懂得用兵了。将帅不精通以上各种机变的运用，虽然了解地形，也不能得到地利。指挥军队不知道各种机变的方法，虽然知道“五利”，也不能充分发挥军队的战斗力。

解析：把握所遇到的不同情况，面对不同对手和不同的条件，要用不同的解决办法。要因时因地因敌制宜。做项目也要懂得舍弃，不要什么项目都去争，什么市场都想占，什么利益都想得。要舍小利，得大利；舍目前，得长远；舍枝节，得根本；舍局部，得全局。

（四）是故智者之虑，必杂于利害。杂于利，而务可信也；杂于害，而患可解也。

译文：聪明将帅的思考，必须兼顾到利害两方面的条件。（在不利情况中）要同时看到有利条件，才能提高胜利信心；（在顺利情况中）要同时看到危害的可能，才能解除（可能发生的）祸患。

解析：凡事都应考虑利弊两个方面，不要片面地只考虑一方面。当竞争中处于优势时，要考虑到不利的一面；处于劣势时，要考虑到有利的一方面。拿到项目，要多考虑一下风险。没有拿到项目并不是最差的结果，最差的结果是拿到项目却做不好或者做亏了。

（五）是故屈诸侯者以害，役诸侯者以业，趋诸侯者以利。

译文：要使各国诸侯的力量不能伸展，就要用计谋去伤害他；要使各国诸侯忙于应付，就要用（它不得不做的）事业驱使它；要使各国诸侯被动奔走，就要用小利引诱它。

解析：在项目谈判时，这点很重要。想逼对方就范，就要施之以害，诱之以利，使其按我方意见办，以利趋之。

（六）故用兵之法，无恃其不来，恃吾有以待也；无恃其不攻，恃吾有所不可攻也。

译文：用兵的法则，不要指望敌人不来打，而要依靠我们有了准备等待它；不要指望敌人不进攻，而要依靠我们有了使敌人进攻不下的力量和办法。

解析：一是把对事情的处理建立在自己的力量基础之上；二是有备无患；三是不给对手留下破绽和机会；四是不能存有侥幸心理。对任何项目都要认真准备，即使对手想来夺取，也无可取胜。同时我方的信息安全也要做到森严壁垒。

（七）故将有五危：必死，可杀也；必生，可虏也；忿速，可侮也；廉洁，可辱也；爱民，可烦也。凡此五者，将之过也，用兵之灾也。覆军杀将，必以五危，不可不察也。

译文：将帅有五种（性格上的缺陷造成的）危险：只知死拼会被杀，贪生怕死会被俘；急躁易怒则经不起刺激，廉洁自爱则受不了侮辱，爱护居民则（会因掩护居民而）遭受烦劳。这五种危险，是将帅的过错，也是用兵的灾害呀！军队覆灭、将帅被杀，都由于这五种危险引起的，是不可以不警惕的。

解析： 前方代表处的将帅，一定要具备“有勇有谋、忍辱负重、处变不惊”的素养。

二、九变篇应用

“九变”中的九是指多的意思，九变，即多变、变化多端。本篇指战场情况变化莫测、瞬息万变，将帅必须根据不同的作战地形，不同作战情况而相应调整作战方略，否则，就不能充分利用军队战斗力。同时，将帅的思维方式也要因时而变，不能一根筋，一条路走到黑。

企业走出去，面临的客观条件十分复杂，情况千变万化，因此必须根据客观情况的变化而变化，“只有变是不变的”，不可能“一招吃遍天下”。

（一）因地制宜

本篇中把地形分为五种，并且指出每种地形相应的对策是什么，应该怎样利用，在难以通行的地区，不可宿营；在四通八达的地区，要注意结交朋友（寻求合作）；在交通困难，粮食不足的地区，不要滞留；在四面被敌人包围时，要巧出计谋，突出重围；在陷入生死之地，要奋力拼搏，尽早脱身。企业走出去，到不同的国家，面对不同的客观环境，也要因地制宜，采取不同的应对策略。

1. “圮地”。经济落后，自然资源贫瘠的国家和地区，尽管需要大规模建设，但没有有效需求。在这样的地区，商机相对贫乏，只适合做一些援外项目，由国家提供无偿援助或无息贷款，或者世界银行等援助机构提供资金，搞一些小的民生项目。现汇项目或依靠金融机构提供资金支持来搞一些大项目的可能性不大，因此这样的地区不适合安营扎寨，不适合设立分支机构来精耕细作。

2. “衢地”。这样的地区交通便利，基础设施比较好，建设项目是具备基本实施环境的，商机就比较多，当然竞争也比较激烈。从我们国家与这些国家的关系角度看，如果外交关系良好，政治生态好，与目标国业主就要很好的合作，看长远、谋大局，轻小利、重大利。同时，“不战而屈人之兵”，最好通过议标拿到项目，或者寻求与其他企业的合作，搞联营体，或搞分包，或搞上下游合作，互利互惠，合作共赢。

3. “绝地”。政治生态不好，种族冲突或宗教冲突不断，人身安全没有保障，甚至国际航班都经常停航，从事经济活动的基本条件都不具备，在这样的地区开展业务就凶多吉少，应迅速撤离，不可恋战。

4. “围地”。由于先期工作没有考虑周全，与业主关系没有处理好、维护好，与其他企业关系不仅存在激烈竞争，而且损害了对方利益，对手欲将我方置于死地而后快。在这样的地区要多用谋略，找到四面楚歌、陷入不利之地的根本原因，尽快修复各方关系，或者找到一个可以信赖的有实力的合作伙伴，冲出突围，化险为夷。

5. “死地”。因为合同签署时没有考虑周全，或项目执行时遇到突发事件等，造成了极为被动的局面，继续走下去必死路一条。在这样的地区应尽快了断，即使发生一些损失也要在所不惜，千方百计脱离危险，以求绝处逢生、东山再起。

当然，上述五地之间的优劣好坏是相对的，随着时间推移和条件变化也会发生相应变化，要用发展的眼光看问题；同时，对他人是“死地”，对我方则有可能是生地，要根据自身的情况作出正确分析，不人云亦云，不盲从。

（二）因势制宜

1. 途或不由。正常开拓市场的途径，一般来说是可以采用的，但在特殊情况下，也可以不采用，因为采用这样的办法有可能对开拓市场、争取项目不利，或对业务发展全局不利，因此不能全凭经验办事，走过去的老路。

2. 军或不击。遇到商机，不一定要去争取，不是所有的钱都要去赚，赚小钱，可能失去大利；得局部、可能失全局。

3. 城或不攻。对企业来说，开拓市场，扩大地盘是理所当然的，但有些地盘开拓难度太大，或有了项目也是深陷其中，不能自拔，因为经商环境太差，或者有些项目有极为复杂的背景原因，争取来会惹一身的麻烦；或有些标的价格太低，中标后必赔无疑，得不偿失。这样的项目宁愿不做，这样的胜利宁愿不要得到。

4. 地或不争。第一，人家的地盘，对手早已苦心经营很长时间，卧榻之侧岂容他人酣睡？你来争，必是死路一条；第二，由于我方力量还相对弱小，备此而寡彼，分散了力量，更重要的战场就受到影响；第三，即使拿下来，也守不住，经营不好，还不如不争。这几种情况下的市场，暂时不争也罢。

5. 君命或不受。一般情况下，前方团队应接受公司总部统一指挥，但由于信息不对称的原因，总部指示不一定完全适应前方市场情况，要么该进不进，该退不退；要么进则影响了全局，也指示要进；要么退更划算，也指示不退。在这样紧急关头，前方管理团队要从实际出发，可以暂且不服从总部指示，当机立断，事后再向总部汇报清楚原因。不受君令反而可以实现公司利益最大化。

总之，前方管理团队，必须因地制宜，因事制宜，才能发挥靠近前方的优势，熟悉情况的优势，才能充分发挥前方团队的巨大作用，否则灯下黑，就不能得地利。

（三）杂于利害

1. 全面考虑利害。凡事有利就有弊，因此，遇事要两面看看、两面想想，在有利的条件下要想想不利的方面，在不利的情况下要想想有利的方面，在开拓业务比较顺利时（如与外方会谈比较顺利时），就要想一想是否有什么漏洞或考虑不周全的地方，这中间也许有大的隐患，轻诺必寡信，甚至中间包藏祸心也未可知。不怕想不到，就怕做不到，此话未必对，但凡事如果都想不到，肯定就做不到了。当项目合作不顺利时，就想想主要问题在哪里？是我方报价太高，还是对方条件太高？我方能否让利？让了后果会怎样？是否伤筋动骨？是否灾难性的？按照原则问题不让、枝节问题好商量的原则，再调整一下谈判策略。

2. 趋利避害。对我方有利的事情，要积极争取；对我方不利的事情，要极力避免。最好的结果是化有害为有利。舍小利，避大害。以利诱之，以达保存全局利益、长远利益的目的。

让对手的力量不能发挥，就要用谋略去阻止它。要使对手忙于应付，消耗对手力量，就要用它不得不做的事情去驱使它，要使对手被动，疲于应付，就要用小利去引诱它。

亚投行的筹建，之所以取得很大成功，归根结底有两点：一是中国经济力量的强大，据实力、成势力；二是诱之以利，示之以害。亚洲经济快速发展，亚投行是亚洲基础设施投资的重要资金来源渠道，加入亚投行，英、德、法等欧洲国家假借这样一个平台，积极参与到亚洲基础设施建设中来，为这些国家企业走进亚洲奠定了良好基础，否则，不参与亚投行筹建，就只能隔岸观火，“临渊羡鱼不如退而结网”，观看不如参与，中国正是用这样的谋略，“屈诸侯者以害，役诸侯者以业，趋诸侯者以利”，使亚投行筹建顺利。

（四）有备无患，凡事预则立，不预则废

机会总留给有准备的人，要打有准备之仗，打有把握之仗，要把胜利设立在自己的力量基础上，不能存侥幸心理。“无恃其不来，无恃其不攻”，应恃我有力量而使对手不敢来，恃我有准备，对手来了也攻不破。

1. 苦练内功，加强管理。有高素质的干部队伍，集体力量移山河，万事都是人去做的；价值是劳动创造的，人是竞争中最活跃的因素；一流人才造就一流事业。因此要广纳贤才，用好专才。

要有优秀人才脱颖而出的机制，从机制设置上，善于调动每个人积极性，充分发挥每个人特长，要形成赏罚严明的体制，人人争先，不甘落后，做到“三军之众，使若一人”。要有搞好业务、带好队伍的氛围。定好战略，建好班子，带好队伍，三位一体，不可或缺。

2. 事事想在前头，多谋善断，对手若来，采取的主要竞争策略是什么？双方各自的优劣是什么？我方胜算的依据是什么？主要风险是什么？哪些因素是可以控制的，哪些因素是不可控的。把自己事先准备好，拾遗补缺，尽快补足短板，先为不可胜，使自己立于不败之地。

（五）陶冶情操，完美性格

作为前方团队的领导者，千万重担系于一身。领导者的性格，决定团队的文化，影响团队风气，决定团队方向。因此，对于领导者来说，如何陶冶情操，完美性格，不是一个人的事情，而是关系团队战斗力的大事，关系战事全局，关系企业走出去的成败。覆军

杀将，必有五危，不可不察。

1. 智、信、仁、勇、严。孙子在开篇即指出将有五德。五德是一个统一的整体，不可分割，不可偏废，不可顾此失彼，既要有智慧、计谋，又要勇敢无畏；既要有仁爱之心，又要严格要求，赏罚分明。

2. 充分认识“必死”、“必生”的相对性。遇到危险，要有勇气；遇到困难，要有压倒一切困难而不被困难所压倒的决心和勇气；不贪生怕死、委曲求全，但也要讲究方式方法，不可一意孤行，以卵击石。在海外开拓项目，不仅商战情况复杂，不可简单粗暴、颐指气使，而且海外安全形势也往往不容乐观，存在侥幸心理，则容易引火烧身、甚至惹杀身之祸。

3. 提高修养无止境。人的性格与生俱来，江山易改，禀性难移。性格急躁，遇事不冷静，或过分考虑个人名声、个人得失，容易做出错误决策，损害公司利益。因此，完善个人性格，提高涵养，不是个人的小事，而是关系业务发展的大事，需高度重视。尤其班子成员中有意培养敢于说真话、辅助和纠正一把手的助手，形成良好的纠错机制，关键时刻能使一把手悬崖勒马，保证决策在正确的轨道上做出，使团队在正确的轨道上前行。既做正确的事，又正确地做事。

4. 力戒妇人之仁。当断不断，必生其乱。“厚而不能使，令而不能用”，何谈战斗力？一是树立公司利益高于一切的理念，“仁”与“严”，主要看对公司利益是否有利，而不是首先计较个人得失，维护公司利益，需要“仁”就“仁”，需要“严”就要“严”；二是犯错误的严重性如何？如果犯了公司规定中明文禁止的大错误，必须严厉惩罚，以儆效尤；三是刚柔相济，严慈相加，既要严格要求，又要充分体贴。这才是最好的带兵之道。

三、九变篇案例

案例一 成功从自信开始①

> 杂于利，而务可信也。

考虑周全，在不利情况中同时要看到有利条件，才能提高胜利信心。

一位读者问韦尔奇：我是一个年轻人，毕业时间不长。我思维活跃，雄心勃勃，想实现很多人生目标，可是有一个障碍我无法克服——害怕失败。我怎么才能让自己胆大起来？

韦尔奇回答道：

你真正需要的不是胆量，而是自信。没有自信，你就不会有发展，好像你已经明白了这一点。

注意，到目前为止，只有你最清楚为什么自信一直躲着你。即使生来就缺少自信也没有关系，你可以通过后天培养获得。一些人在母亲那里获得了自信。那时候，他们第一次听到让他们开心的事情——妈妈说他们妙语连珠，将来肯定能获得诺贝尔奖；说他们个子长高了、更聪明了；或者说他们比小区里的其他孩子都漂亮。还有一些人的自信来自于他们遥遥领先的分数，或学校体育场上的表现，不管是射门得分，还是被大家选为球队的队长。

但是，自信是从什么时候开始的，这却没有统一的说法。我们

① （美）杰克·韦尔奇，苏茜·韦尔奇．赢的答案．中信出版社，2013年，第185－189页。

认识一位27岁的斯洛文尼亚企业家。他是从他父亲办成的一件事上受到了启发，进而获得了自信。在1991年，也就是这个国家刚刚从南斯拉夫独立出来的数天之后，他父亲费尽周折办起了一家很小的机床厂。今天，这个雄心勃勃的年轻人，刚刚从美国获得MBA文凭，正在创办自己的全球技术公司，他觉得世界上没有什么办不到的事情。

我们还认识纽约一个业绩斐然的共同基金经理人。他是在十几岁的时候第一次自信大增的。当他学会单独驾驶小船之后，他整个夏天都在波涛汹涌的科德角湾捕捞条纹石鳕。“从那以后，”他后来告诉我们，“我觉得没有什么事能难倒我。”

真的没有他做不到的事情吗？绝对不是。这位共同基金经理人告诉我们，在他后来漫长的职业生涯中，他失败过很多次。在大学四年级的时候，他创办了一家通讯公司，当公司发展到几百名员工，年销售额达到4 000万美元的时候，公司在他与先前的一个合作伙伴的一场费心费力、旷日持久的官司中夭亡了。数年之后，他又设法创办了一家咨询公司，但这家咨询公司也只维持了6个月。每当挫折来临的时候，这位企业家内心磐石般的自信都能战胜对失败的恐惧。

你也必须将自己打造成那种具有磐石般自信的人——即使你现在一点基础也没有。

怎么才能做到这一点？制定什么宏伟的计划，幻想在一夜之间腰缠万贯、声名鹊起、永远消除对失败的恐惧，从而一劳永逸地解决自信的问题是不现实的。

这种事只发生在电影里。

在实际生活中，真正有效的方法恰恰与此相反。我们权且把它叫作“小胜积累法”。

首先，制定一个现实的目标，这个目标既可以是工作目标，也可以是家务目标。不要把这个目标定得太高，给将来的进一步提升留下空间；在制定第一个目标的时候，不要对自己期望太高。

然后，实现这个目标。这个目标实现之后，你就会感觉好一些。

接下来，再制定一个稍高一点的目标。制定这个目标的时候，对自己要求严格一些，让这个目标对自己有一些挑战性。当你实现这个目标之后，感觉会更好。将这种方法继续下去，你会发现，你在缓慢而持续地进步着，你的自信在一点一点地增强。

这个方法很有效。我们两人中的一个（杰克）第一次当众发言大约是在 40 年前。那是一个容易让人紧张不安的场合，他事先演练了很多次。为了发言的时候不让听众察觉他有口吃的毛病，杰克站在镜子前练习了好几个星期。到了发言的那天，他拿着精心打印好的稿子一个字一个字地往下念，神情紧张得就像是穿着紧身衣。他的发言实际只持续了 15 分钟，可是后来，他说这 15 分钟是他一生中最难熬、最漫长的 15 分钟。

但是，在解决难题的时候，没有任何办法比这种循序渐进、稳扎稳打的方法更为有效。几十年来，杰克给许许多多的听众做了很多场演讲，现在，他可以在数千人面前不用讲稿毫不紧张地回答大家的问题。对他来说，当众发言是一件很开心的事情。

你应该振作起来，设法增加自己的信心。以前，杰克也不是每场演讲都很成功，他也是经过了很长一段时间之后，才能够充分体会到演讲的乐趣。但是，即使当小胜变成小的失败的时候，也不要回到恐惧状态，要坚信你必将拥有那种磐石般的自信。弄清楚失败的原因是什么，制定下一个目标，重新开始。

这个过程没有终点。随着时间的推移，你给自己设定的目标将越来越高。在这个过程中，偶尔也会出现失败，但是，你将越来越少地将它和恐惧联系在一起。

到时候，你会发现，每一次失败都能告诉你一些你必须知道的新东西——所以，你应该重整旗鼓，再次向这一目标发起冲击——带着更多的胆量。

案例二 利用对手的失误击败对方①

将有五危：必死，可杀也；必生，可虏也；忿速，可侮也；廉洁，可辱也；爱民，可烦也。

瑞士一直有着“钟表王国”的美称。在钟表领域称雄两百多年。1979 年，日本媒体传出一个消息让瑞士人觉得十分不爽，日本媒体声称日本钟表的产量已超过瑞士，是当时名副其实的钟表王国。这让许多一直唯瑞士钟表是瞻的局外人大为不解：制作精良、名声早已远扬的瑞士钟表怎么会成了日本钟表的手下败将？

事情原来是这样的：日本钟表获胜的原因，在于其大量生产的是电子表。本来电子表也是瑞士人最早发明的，但是强调技艺的瑞士钟表制造商们对这些能够量产的电子表并看不上眼。另外，他们对工业化生产的电子表的商业开发并不成功，尽管瑞士钟表的名声冠誉全球，但他们在中低端钟表市场上的商业表现并不能让人信服，中低端市场空间一直未被充分挖掘。与之相反，电子表的市场空间却被日本人敏锐地捕捉到，他们积极主动地开拓电子钟表市场，通过精准的市场定位和杰出的商业运作，日本不仅在钟表数量上超过了瑞士，而且也从中获得了丰厚利润。

瑞士人自然不甘心退居第二，他们开始反击，他们一方面是利

① 龚俊恒．德鲁克管理思想．中国华侨出版社，2013 年，第 246－247 页。

用其技术优势，将电子表不断改良，研制出比日本钟表更准确、更精细的电子表，有效阻击了日本人的进攻；另一方面是继续强化高端表，赋予电子表更加高档时尚的品位，从而在层次上与日本生产的手表进行区分。经过三年的反击，瑞士表终于夺回了钟表的王者位置。

行军篇

一、兵法解读

（一）孙子曰：凡处军、相敌：绝山依谷，视生处高，战隆无登，此处山之军也。绝水必远水；客绝水而来，勿迎之于水内，令半济而击之，利；欲战者，无附于水而迎客；视生处高，无迎水流，此处水上之军也。绝斥泽，惟亟去无留，若交军于斥泽之中，必依水草，而背众树，此处斥泽之军也。平陆处易，而右背高，前死后生，此处平陆之军也。凡此四军之利，黄帝之所以胜四帝也。

译文：孙子说：凡军队在各种地形上的位置和判断敌情时，应该注意（以下原则）：通过山地，必须靠近山谷，驻在高处，使前面视界开阔，敌人占领高处，不宜去仰攻，这是在山地上军队的处置。横渡江河，应远离水流；敌人渡水而来，不要迎击它于水上，让它渡过一半时去攻击它，才有利；想决战的，不要紧靠水边抗击敌人；沿河驻扎军队也应驻在高处，使前面视界开阔，不要面迎水流，这是在江河水流上军队的处置。通过盐碱沼泽地带，要迅速离开，不可逗留；如果同敌军相遇于盐碱沼泽地带上，那就必需靠近水草而背靠树林，这是在盐碱沼泽地带上军队的处置。在平原上应占领开阔地域，主要的翼侧和后方应依托高地，前低后高，这是在平原上军队的处置。掌握这四种利用地形的原则，就是黄帝之所以能战胜其四周部落的原因啊！

解析：地形很重要，在海外设立代表处的时候，要慎重选择居所，选择开阔、距离污水远，干净、卫生和安全的地方。

（二）凡军好高而恶下，贵阳而贱阴，养生而处实，军无百疾，是谓必胜。丘陵堤防，必处其阳，而右背之。此兵之利，地之助也。

译文：凡是驻军总是选择干燥的高地，而避开潮湿的洼地；要求向阳，而回避阴暗；接近水草，保持供应，驻扎高处；这样军中没有各种疾病，也就是胜利的保证了。对于丘陵堤防，应占领它向阳的一面，而把主要的翼侧和后方依托着它。这些对于用兵有利的措置，是利用地形作为辅助条件的。

（三）上雨，水沫至，欲涉者，待其定也。

译文：上游下雨，水沫冲来，要徒涉的，应等待水流稍定，然后才徒涉。

（四）凡地有绝涧、天井、天牢、天罗、天陷、天隙，必亟去之，勿近也。吾远之，敌近之；吾迎之，敌背之。

译文：地形有“绝涧”、“天井”、“天牢”、“天罗”、“天陷”、“天隙”，（遇上这些地形）必须迅速离开，不要接近。我们应远离这种地形，让敌人去靠近它；我们应面向着它，而让敌人去背靠着它。

（五）军行有险阻、潢井、葭苇、山林、翳荟者，必谨复索之，此伏奸之所处也。

译文：进军路上遇有悬崖绝壁的隘路、湖沼、水网、芦苇、山林和草木茂盛的地方，必须谨慎地反复搜索，这些都是敌人可能设下埋伏或隐蔽侦察的地方。

（六）敌近而静者，恃其险也；远而挑战者，欲人之进也；其所居易者，利也。

译文：敌人逼近而安静的，是依靠他占领地形的险要；敌人远离而来挑战的，是想诱我前进；敌人所占领的地形平坦的，是有利于同我决战。

（七）众树动者，来也；众草多障者，疑也；鸟起者，伏也；兽骇者，覆也。尘高而锐者，车来也；卑而广者，徒来也；散而条达者，樵采也；少而往来者，营军也。

译文：（无风而）许多树木摇动的，是敌人隐蔽前来；丛草中有许多障碍的，是敌人布下的疑阵；鸟飞起的，是下面有伏兵；兽骇走的，是敌人隐蔽来袭；尘土高而尖的，是敌人的战车来了；尘土低而宽广的，是敌人的步兵来了；尘土疏散飞扬的，是敌人在砍柴曳柴；尘土少而时起时落的，是敌人正在扎营。

（八）辞卑而益备者，进也；辞强而进趋者，退也；轻车先出居其侧者，陈也；无约而请和者，谋也；奔走而陈兵者，期也；半进半退者，诱也。

译文：敌人派来的使者措辞谦逊却正在加紧备战的，是准备进攻；措辞强硬而摆成前进姿态的，是准备后退；轻车先出动，部署在翼侧的，是在布列阵势；没有约会而来讲和的，是另有阴谋；敌人兵卒奔走而摆开兵车列阵的，是期待同我决战；敌人半进半退的，是企图引诱我军。

解析：谈判中注意察言观色，通过对手的动作、行为、语言的细致变化，捕捉其心理变化和谈判目的。对于谈判取得主动是很有用的。

（九）杖而立者，饥也；汲而先饮者，渴也；见利而不进者，劳也；鸟集者，虚也；夜呼者，恐也；军扰者，将不重也；旌旗动者，乱也；吏怒者，倦也；粟马肉食，军无悬甀，不返其舍者，穷寇也；淳淳翕翕，徐与人言者，失众也；数赏者，窘也；数罚者，困也；先暴而后畏其众者，不精之至也；来委谢者，欲休息也。兵怒而相迎，久而不合，又不相去，必谨察之。

译文：敌兵倚着兵器而站立的，是饥饿的表现；敌兵打水而自己先饮的，是干渴的表现；敌人见利而不前进的，是疲劳的表现；（敌人营寨上）集聚鸟雀的，下面是空营；敌人夜间惊叫的，是恐慌的表现；敌军惊扰的，是敌将不持重；旗帜摇动不整齐的，是敌人队伍已经混乱；敌人军官易怒的，是疲倦的表现；用粮食喂马，杀掉（拉辎重大车的）牛吃肉，收拾起炊具，部队不返营舍的，是准备拼命突围（或逃跑）的穷寇；低声下气同部下讲话的，是敌将失去人心；不断奖励的，是敌军没有办法，不断惩罚的，是敌人处境困难；先强暴然后又害怕部下的，是最不精明的将领；派来使者谈判措辞委婉态度谦逊的，是敌人想休战；敌军愤怒向我前进，但久不交锋又不撤退的，必须谨慎地观察他的企图。

解析：管理一个团队，尤其注意既不能随便奖励，也不能随便处罚；既不能滥施淫威、颐指气使，又不能软弱、听之任之，放任自流。

（十）兵非贵益多也，惟无武进，足以并力、料敌、取人而已。夫惟无虑而易敌者，必擒于人。

译文：兵力不在于愈多愈好，只要不盲目冒进，而能集中力量，判明敌情，选拔人才，就行啦。只有那种毫无深思熟虑而又轻敌的人，必定会被敌人所俘虏。

解析：人不在多而在于精，人多成本也高，管理和协调难度也大，所以不在多，关键是配置好、管理好、培训好、调动好。这主要在将帅，如何谋划判断，决策正确，不要无虑而易敌（骄兵必败）。有勇而无谋，人再多也没用。人多少不是关键，关键在于领导的素质、谋略、用人。

（十一）卒未亲附而罚之，则不服，不服则难用也。卒已亲附而罚不行，则不可用也。故令之以文，齐之以武，是谓必取。令素行以教其民，则民服；令不素行以教其民，则民不服。令素行者，与众相得也。

译文：兵卒还未曾亲近依附之前就执行惩罚，他们会不服，不服就很难使用。兵卒已经依附，如果纪律不能执行，也不能用来作战。所以要用“文”的（怀柔手段）去管理他们，用“武”的（军纪军法）使他们整齐一致，这就是所谓的必须采取的（措施）。平素严格贯彻命令来管教兵卒，兵卒就能养成服从的习惯，平素不能严格贯彻命令来管教兵卒，兵卒就会养成不服从的习惯。命令平素能贯彻执行的，是表明将帅同兵卒之间相处得来。

解析：如何处理上下级关系，带好队伍，建设和谐团队？管理者要刚柔相济，严慈相加，恩威并施。平素的训练、培训，要求就应该很严格，因为功夫是在平时，习惯很重要。如果平时没有制度约束，或有令不行，有禁不止，遇到紧急任务时，自然就会一盘散沙，毫无战斗力可言，必败无疑。

二、行军篇应用

本篇主要有两部分内容：一是处军，二是相敌。处军，即如何部署军队；相敌，如何观察敌情。行军遇到“山地”、“河川”、“沼泽”、“平地”是如何安营扎寨，对“绝涧”、“天井”、“天牢”、“天罩”、“天陷”、“天隙”等特殊地形，应保持高度警觉，不要轻易靠近。

企业走出去，自然应十分重视客观环境、客观条件。同时，前方团队衣食住行也要特别注意。选择安全可靠、交通便利的地方“安营扎寨”；也要选择易于开拓业务的地区作为开展业务的重点地区。前面军争篇已有叙述，这里仅谈谈如何“相敌”，以及在与对方谈判中如何具体运用。

（一）相敌对于判断对手的真实情况十分重要

相敌是为了观察、了解对手的动静，以了解对手的真实意图，判断对手的真正企图。

1. 根据对方所处的有利地位相敌，如果已经接近对方目标，对方已受到我方竞争威胁，但仍然保持安静，没有反击的迹象，说明对手有有利的客观条件作为依靠，知我方奈何不得；如果我方对某一业务不甚积极，而对方三番五次诱我去承接，说明该项业务可能风险很大，或是“烫手山芋”，或是“鸡肋”；对手占据有利条件，与业主关系融洽，所找的代理很强，在与我方争夺项目时，就有利。

2. 根据对手的行动相敌。对手与我谈判，言辞谦卑，但准备充分，说明对手想在谈判桌上战胜我方，取得令其满意的结果；如果对手言辞强硬，有盛气凌人之势，其实往往是外强中干，准备让步；如果对手派先遣队与我接触，后面再派更大代表团与我方会谈，先遣队主要是为了试探我方虚实，侦探我方底线，为后续会谈作准备；如果对方对我无所求，但主动要求谈判、讲和，背后定有大的阴谋，一定要倍加小心。

3. 根据对手的行为相敌。如果谈判对手没有章法，团长没有开口，下属乱发言，说明对手内部没有秩序，团长也没有威严；如果对方团长与手下反复商量，神情不安，柔弱无威，说明团长得不到其他成员的拥护；如果对手一再承诺，却又一再反悔，说明对手轻诺寡信，一定要与对手书面确认会谈成果，最好由对方总部发函确认。

（二）兵不在多，而在于精

在海外竞争项目，开拓市场，主要是人与人之间的较量，在我方与对手的较量中能否取胜，主要不在于人多，关键在人的素质，团队协作配合以及人员配备是否可以互相补充短板，实现团队能力最大化。同时，要集中力量，以实力相对优势对付对方相对劣势，不轻敌躁进，算准对方的虚实，避实击虚。无深谋远虑，轻视对方的力量，骄傲自大，必遭失败。

（三）团队和谐，重在平时

如果新建的海外团队，大家彼此不了解，更谈不上理解信任，犯了错误就严厉处罚，团队成员就不会心服口服，就难以领导；如果团队成员之间已经很熟悉，也有感情，你好我好，一团和气，有令不行，有禁不止，这样的团队也没有战斗力。搞业务、带队伍，必须用“文”的手段（怀柔手段），教之以仁义；用“武”的手段（军纪军法），进行训诫，才能成为战无不胜，攻无不克的团队。

平时认真执行制度，贯彻命令，团队成员已经养成习惯，并且对各种要求心知肚明，在遇到紧急情况时，严格要求，自然心服口服；平时不严格要求，则手下就口服心不服。平时注重训练，严格要求，上下一心，友好相处，遇到紧急情况时，才能上下同心，战胜对手。

三、行军篇案例

案例一　与变革抵制者较量[①]

> 故令之以文，齐之以武，是谓必取。令素行以教其民，则民服；令不素行以教其民，则民不服。令素行者，与众相得也。

一位读者问韦尔奇：8个月以来，我一直在管理着一个很有潜力的公司，但是现在，我遇到了很多麻烦。一些在年龄上长我十几岁、拥有15年工作资历的管理人员不愿意改变原有的工作方法。我花了4个多月，才勉强让其中的几个人有所改变。我应该怎么办？

韦尔奇回答说：

首先，你可以把节奏放得慢一点。要想改变大多数人早晨喝咖啡的习惯，4个月的时间都显得太短，何况你要改变的是人们一直认为行之有效的工作方式。

但是，这并不意味着你应该停止推动这一变革。实际上，即使调整你的时间安排，你也要相信自己肯定能够找到一个可以说服所有下属的“绝妙”愿景。这里的“绝妙”愿景指的是一个令人振奋的公司前景，但是，需要注意的是，这一愿景必须能够回答人们在任何一个变革活动中所关心的问题：“嘿，这对我有什么好处？”你可以告诉他，他的工作将更加稳定、薪水会增加、提升的机会将更

① （美）杰克·韦尔奇，苏茜·韦尔奇．赢的答案．中信出版社，2013年，第63－65页。

多——或者三者皆有。记住，每次和他们提到公司需要进行战略变革的时候，你都要有意无意地透露出这一信息，即这一战略变革可以为个人发展带来积极影响。即使是年长和资深的员工，他们也愿意听到这方面的信息。

接下来，当变革方案初见成效的时候，比如说，销售额有所增加，或者是客户数量有所增加时，你要及时兑现你的诺言，即增加薪水、给予额外的奖励，或是立即提升表现优秀的员工。在迅速克服变革阻力方面，没有什么东西能比得上由此带来的成绩，尤其是当这种成绩能够提升参与者的生活质量和促进事业发展的时候。

确实有一些人生来就不能容忍变化。不管你怎样摆事实、讲道理，告诉他们你的愿景会给他们带来好处，他们就是不相信。好在这种顽固不化的人毕竟是极少数。据我们估计，10% 的员工是天生的“变革推动者”，能够积极、乐观地接受新事物；接下来的 75% 左右的员工虽然可能不会走在变革队伍的前列，但是他们一旦理解了变革的必要性，他们就会说“好的，有道理，我们就这样做”；剩下的就是抵制变革的人，他们在感情上、智力上，或者是处事方式上抱残守缺，墨守成规。

抵制变革的人必须离开。在他们离开之际，你一定不要把他们离开的原因轻描淡写地解释为“个人原因”。这种虚假的安慰对于组织没有任何好处。当这些固执己见的变革抵制者离开的时候，你必须让每一个人都知道，他们之所以必须离开，就是因为他们不能接受新的愿景。你可以祝福他们，帮助他们寻找合适的工作，但是，你必须明确地告诉大家，不接受公司未来愿景的人就不能继续留在组织里——一定要注意这一点。

大多数变革方案都需要一年时间才能显示出它的推动效果——也就是说，推行改革方案一年之后，人们才能感觉到它的实际影响，才能知道变革的真正意义。如果你有一个令人信服的案例和旺盛的精力，大多数团队成员都会接受你的方案，甚至是一些现在看来有抵触情绪的“老字辈”员工。

案例二　如何避免员工对企业裁员的不满①

素行以教其民，则民服；令不素行以教其民，则民不服。

一位读者问韦尔奇：企业在处境艰难的时候，往往会想到裁员。这是不是说明他们很虚伪？因为绝大多数公司都说员工是他们“最宝贵的资产”，还说打算花很多钱培训他们。

韦尔奇回答道：

有的时候，企业没有别的办法，只好裁员。比如他们错过了一个技术周期，或是总体经济走势急转直下。但是，一个糟糕的事实是，太多的公司只有在面临困境的时候才开始做他们平时就应该做的事情——清理门户。当他们突然进行裁员的时候，确实让人们觉得他们一直反复强调的“员工是我们最宝贵的资产”完全是虚伪的口号。你说得没错。

换个角度看，这对员工也是不公平的、残忍的。

当经理不是一件容易的事情，但是，一旦身在其位，你就要对员工负责任，也就是说，你必须经常让他们清楚自己的绩效情况。每一个公司都应该建立一个严格的绩效评估制度，再没主见的经理也能执行这个制度。员工的奖金应该与绩效评估结果密切挂钩。对于绩效最好的员工，公司应该给予最丰厚的奖金和最多的表扬，而

① （美）杰克·韦尔奇，苏茜·韦尔奇．赢的答案．中信出版社，2013年，第126－129页。

对于绩效最差的员工，则什么也没有。

一个糟糕的事实是，太多的公司只有在面临困境的时候才开始做他们平时就应该做的事情——清理门户。

对绩效达不到要求的员工来说，这种制度能够迅速起到明显的效果。你很少需要辞退他们，他们往往自己就会离开了。实际上，许多人后来找到的工作更适合他们的专长，而他们最终往往也会得到新公司的赏识。这对他们、他们所离开的公司、他们工作的新公司来说都是一个完美的结局。

问题是，很多经理人说因为自己“太宽厚”或“太客气”，所以没有告诉员工他们具体的绩效情况——说这话的往往是名副其实的失败者。

这就是为什么那么多的公司会面临你提到的这个境遇。情况往往是这样的：最高管理层发现公司利润很低，于是决定迅速削减成本。部门经理们一致认为裁员是最有效的方案。在这种形势下，比如说某个部门，决定辞退两个人。可是，在这之前，这位“过于宽容”的经理一直在表扬他的下属，在每次发放奖金的时候，给所有的员工都发数量相当的奖金，甚至还派一些人参加带薪培训。当公司效益好的时期过去之后，他非常清楚应该打发谁走：乔和玛丽——好几年来，他们对工作一直没有尽力。

他轮流找他们谈话，把这个消息告诉他们。

“为什么偏偏让我走？”两个人都提出这个问题。

“哦，因为你过去的表现不够好。”他含糊地回答。

“可是，30 年来，人们都说我干得还不错！这到底是怎么回事？”

问得好！

如果这位经理过去认真地做好他该做的工作，可怜的乔和玛丽在面临辞退的时候就不会如此惊讶。如果他们清楚自己的绩效情况，他们早就离开公司了。然而，可惜的是，他们发现自己总是在公司不景气、需要裁员的时候首当其冲被裁掉。

这都是因为经理的管理方式“太宽厚”的原因。

我们并不是说，只要公司持续进行绩效评估和门户清理，就能避免裁员的冲击和痛苦。另外，在现实世界中，总有一些公司无法控制的意外事件，为了应对这些事件，公司不得不迅速降低经营成本，为了实现这一目的，裁员无疑是最有效的手段之一。

但是，在严格进行绩效评估的同时，让员工明确公司的处境，可以有效地避免人们对你开始提到的那种裁员的不满——确实如此。

地形篇

一、兵法解读

（一）地形有“通”者，有“挂”者，有“支”者，有“隘”者，有“险”者，有“远”者。我可以往，彼可以来，曰“通”；“通”形者，先居高阳，利粮道，以战则利。可以往，难以返，曰“挂”，“挂”形者，敌无备，出而胜之；敌若有备，出而不胜，难以返，不利。我出而不利，彼出而不利，曰“支”；“支”形者，敌虽利我，我无出也；引而去之，令敌半出而击之，利。“隘”形者，我先居之，必盈之以待敌；若敌先居之，盈而勿从，不盈而从之。“险”形者，我先居之，必居高阳以待敌；若敌先居之，引而去之，勿从也。“远”形者，势均，难以挑战，战而不利。凡此六者，地之道也；将之至任，不可不察也。

译文：地域形状有“通”、“挂”、“支”、“隘”、“险”、“远”等六形。我们可以去，敌人可以来的地域，叫做“通”。在这种“通”形的地域上，应先占领视界开阔的高地，沟通并保护粮道，这样作战就有利。可以前进，难以后退的地域叫做“挂”。在这种“挂”形的地域上，如果敌人没有防备，就可以突然出击而战胜它；如果敌人有防备，出击而不能取胜，又难以退回，就不利了。我军前出不利，敌军前出也不利的，叫做“支”。在这种“支”形的地域上，纵然敌人利诱我们，我们也不要前出；可引兵离去，让敌人前出一半然后回击它，这样就有利。在“隘”形的地域上，如果我们先到达，必须前出占领隘口，等待敌人来犯；如果敌人先到达，已前出占领隘口的，不要去打；没有占领隘口的，可以去打。在“险”形的地域上，如果我军先到达，必须控制视界开阔的高地，以等待敌人来犯；如果敌人先到达，就应引兵离去，不要去打它。在“远”形的地域上，双方形势均等，不宜挑战，勉强求战，就不利。这六条，是利用地形的原则，将帅重大责任所在，是不可不研究的。

解析：天时地利，对走出去的企业尤为重要。作为走出去的企业，对客观环境是否了解充分，是否充分利用，能否做到因地因时制宜，能否适应、调动、利用国外资源，直接关系到企业走出去的成败。

（二）故兵有“走”者，有“驰”者，有“陷”者，有“崩”者，有“乱”者，有“北”者。凡此六者，非天之灾，将之过也。夫势均，以一击十，曰“走”；卒强吏弱，曰“驰”；吏强卒弱，曰“陷”；大吏怒而不服，遇敌怼而自战，将不知其能，曰“崩”；将弱不严，教道不明，吏卒无常，陈兵纵横，曰“乱”；将不能料敌，以少合众，以弱击强，兵无选锋，曰“北”。凡此六者，败之道也；将之至任，不可不察也。

译文：军队有“走”、“驰”、“陷”、“崩”、“乱”、“北”等（六种必败的）情况。这六种情况，不是天灾，而是将帅的过错（造成的）。凡是形势强弱相等而以一击十的，叫做“走”。兵卒强横军官软弱的，叫做“驰”。军官横蛮兵卒懦弱的，叫做“陷”。偏将愤怒而不服从，遇到敌人因心怀不满而擅自（带领所属部队单独）出战，将帅不了解他们会干什么的，叫做“崩”。将帅懦弱不严，管教不明，官兵没有规矩，出兵列阵时横冲直撞的，叫做“乱”。将帅不能判断敌情，用劣势的兵力去对方优势的敌人，用弱兵去打强敌，使用队伍不会选择精锐的，叫做“北”。凡有这六种情况，都是必然要造成失败的，将帅的重大责任所在，是不可不研究的。

解析：①“走”：谋划不周，盲目硬拼，小敌之坚，大敌之擒。小公司接大项目，小公司与大公司竞争，既没有绝对优势，也无相对优势，盲目出战，事前不做认真研究分析，项目不细致，可研不充分，竞争肯定失败；②“驰”：下级不服从上级，纪律松弛，为所欲为，此类人员必须处罚或调离；③“陷”：上下不能同心，官强兵弱，遇到困难问题靠单打独斗。因此必须培养下属，增强才干，下属敢于担当，则可为其提供舞台，充分信任，委以重任；④“崩”，正副手闹矛盾，副不服正，班子不团结，主将不能很好地控制局面，关键时候，副手不听号令，盲目蛮干，必惹大祸。这时上级必须整顿班子，调离或处置副手，树立一把手权威；⑤“乱”：主将没有章法，没能力，没威信，带不好队伍，关键时候就冲不上去，是竞争不赢的。出现这种情况必须撤换主帅；⑥“北”：不知彼不知己，凭感觉，无办法，以卵击石，定遭败北。这种主将必须撤职查办。

（三）夫地形者，兵之助也。料敌制胜，计险厄远近，上将之道也。知此而用战者必胜，不知此而用战者必败。

译文：地形是用兵的辅助条件。判明敌人企图，研究地形险易，计算道路远近，制定取胜计划，这是主将的职责。懂得这些道理去指挥作战的，必然会胜利，不懂得这些道理去指挥作战的，必然会失败。

解析：深入了解情况，摸清对手，利用客观优势，善于调节客观资源，对客观情况逐一进行利弊分析，下定最后决心，这是为将者的重要职责。

（四）故战道必胜，主曰无战，必战可也；战道不胜，主曰必战，无战可也。故进不求名，退不避罪，唯人是保，而利合于主，国之宝也。

译文：从战争规律上看来必然会胜利的，虽然国君说不打，也可以坚持去打；从战争规律上看来不能打胜仗的，虽然国君说一定要打，也可以不去打。所以进不求名誉，退不避刑罚，只知道保护民众而有利于国君。这样的将帅，是国家最宝贵的财产。

（五）视卒如婴儿，故可与之赴深溪；视卒如爱子，故可与之俱死。厚而不能使，爱而不能令，乱而不能治，譬若骄子，不可用也。

译文：对待兵卒像婴儿，就可以叫他们去冒险；对待兵卒像爱子，就可以叫他们去拼死。如果厚待而不能指使，抚爱而不能命令，违法乱纪而不能治理，那就像骄子一样，是不能用来作战的。

解析：将领拥有“智、信、仁、勇、严”五德，怀有仁爱之心，爱兵如子，关键时候下属才能挺身而出，戮力同心。但是平时管教不严，违反纪律也不处罚，一团和气，老好人，则关键时候用不上。所以要宽严相济，赏罚分明。

（六）知吾卒之可以击，而不知敌之不可击，胜之半也；知敌之可击，而不知吾卒之不可以击，胜之半也；知敌之可以击，知吾卒之可以击，而不知地形之不可以战，胜之半也。故知兵者，动而不迷，举而不穷。故曰：知彼知己，胜乃不殆；知天知地，胜乃可全。

译文：了解自己的部队能打，而不了解敌人不可以打，胜利的可能只有一半；了解敌人可打，而不了解自己的部队不能打，胜利的可能只有一半；了解敌人可打，也了解自己的部队能打，而不了解地形之不利于作战，胜利的可能也只有一半。所以懂得用兵的人，行动不会迷惑，措施却又变化无穷。所以说，了解敌人，了解自己，胜利就没有危险；懂得天时，懂得地利，胜利就可以保全。

解析： 了解对手，了解自己，并对敌我双方优劣进行比较、系统分析；对客观条件进行认真分析，天时地利是否有利于我，看客观条件是否具备。理论联系实际，了解新情况，解决新问题，做到思维不僵化，遇事有办法，因时因地因敌制宜，而不是一根筋，不是一招吃遍天下，不是缘木求鱼，或者刻舟求剑，或抱残守缺，或刚愎自用，或自以为是。

二、地形篇应用

古代战争，由于条件的限制，地形对于胜败十分重要，本篇主要阐明了地形的六种类型及其运用，地形的重要性，以及地形与利用地形的关系，以及如何避免失败，如何对待下属，如何将地利与人和统一起来。本篇地之道的论述，对于企业选择哪些国家和地区作为“走出去”的目的地国具有重要参考价值，但后面第十一篇和前面的军争篇、行军篇，对于如何因地制宜，既像水一样适应客观环境，又充分利用客观环境变化开拓业务、争取项目都有论述。本篇主要论述将帅的责任，如何将客观和主观统一起来，如何发挥好主观能动性方面的思想，对企业“走出去”的“人治”方面都有重要教益。

（一）前方总部的设立地点选择

分公司、子公司、代表处、项目组设立在哪个国家，设在哪个地区，设在哪座城市，设在哪个位置，必须从开展工作、协调各方，保障安全、节约成本等方面，进行综合评判。

1. 交通便利。驻地设置不只是为了生活便利，更重要的是为了有利于工作。因此充分考虑进出方便，与业主联系方便，与经商处、使馆联系方便，便于到项目现场，便于到机场等，尤其是东南亚、非洲国家雨季水多，很多国家排水系统落后，道路积水，会给出行带来诸多不便，甚至影响生活，因此驻地选择时要作为一个重要方面予以考虑。

2. 安全为重。周边安全形势如何也是一个重要考量，尤其在海外，救援手段有限，情况不熟悉，文化差异大，人脉缺乏，因此最好的安全防范措施就是避免发生危险，比如选择在使馆区、总统防御区等安全保卫措施严密、警力配备充足的地区。

3. 通讯畅通。通讯对现代生活和工作的影响越来越大，办公自动化程度也主要取决于通讯设施的完善程度。通讯对走出去的企业更加重要，如果通讯不畅，前方指挥部就变成聋子、瞎子，难以开展工作，所以尽量选择在通讯发达的国家、地区设立代表处。

其他水、电和生活品是否充裕等方面也需要充分考虑。至于项目实施地理条件，地质状况等技术问题当然应该在可行性调研报告和施工方案中充分研究论证。

（二）规避将之“六过”

前方管理层是前方团队的主心骨，也是整个团队战斗力的核心所在。因此，如何经营好前方团队，提高团队战斗力，前方管理团队，尤其是主要负责人，要认真研究客观情况及团队内部主观存在的问题，避免“六”过。

1. 勿为“走”。我方与对方力量相当、形势相对均衡，而我方以一击十，叫“走”，以寡击众，以弱击强，我方只能败走。不打无把握之仗，不打无准备之仗，明知道我方力量总体上还弱于对手，却非要死拼，最后就落得失败下场。因此，要算计我与对手的实力较量，遇到根本争不到的项目，没有能力执行的项目，或者没有力量争取到的利益，要敢于放弃，不要恋战。

2. 力戒“驰”。兵强官弱，不服从指挥，团队成员为所欲为，各行其是，纪律松弛。下级不服从上级指挥，管理层没有威信，在这种情况下，怎么谈得上战斗力。出现这种情况，必须整顿领导班子，对违反纪律的人严肃追责，迅速树立新的领导集体的权威。

3. 反对“陷”。指挥员蛮横不讲理，自以为是，独断专行，为所欲为，不把下属放在眼里，实际上也不把上级领导放在眼里，这样的指挥员带领的队伍不可能很好地贯彻总部的正确决策。对于这样的指挥员，必须进行纪律处分或撤换。

4. 阻止“崩”。前方团队中层管理者无法无天，擅自决策，影响公司长远和全局利益，将帅不了解情况，更无法避免危机的叫“崩”。中层管理者是前方团队的主力军，负有承上启下的使命，如果他们擅作主张，擅自带领小团队与对手交锋，极容易惹出麻烦，必须严加防范，一旦出现苗头性的事件，马上采取组织措施。

5. 严禁“乱”。前方管理团队管理不严，教导无方，团队人员不守规矩，甚至视纪律为儿戏，与对手较量时，不服从命令听从指挥，我行我素，整个队伍一盘散沙，必须撤换前方管理团队主要负责人，重整旗鼓。

6. 避免“北”。前方管理团队主要领导不了解对手情况，对敌情判断不准，以卵击石，以弱击强，必遭失败。一旦出现这种情况，对公司的损失是巨大的。必须对主要领导进行纪律处分，并调离岗位。

以上六种情况，任何一种一旦在前方团队出现，主要领导都负有不可推卸的责任，都说明前方管理团队出现了大问题，都会给公司事业带来巨大损失，必须防患于未然，发现苗头，立即采取果断措施。

（三）将帅须知战道

1. 地形，兵之助。地形，即客观环境很重要，必须尊重客观实际，一切从实际出发，不能想当然地开展工作，不能脱离实际开拓业务。

2. 客观环境仅是开拓业务的客观条件，处于辅助地位，客观条件不行，肯定不能取胜，但客观条件允许，没有人去灵活运用，充分发挥，也不能取胜。劳动者是生产力三个要素中最活跃的因素，人是开拓业务的主体，一切事情都是人来干的。因此，因地制宜，料敌制胜，主要是前方管理者的责任，要充分发挥主观能动性，料敌如神，多谋善断，才能用我方优势，攻击对手弱项，在业务开拓过程中不断取得胜利。

3. 进不求名，退不避罪。

（1）如果客观条件允许，了解我方与对方的实际，参与竞争有必胜的把握，即使总部领导由于信息不对称，反对与对手交手，避免冲突；或者与业主协商，争取了项目，只要有必胜的把握，只要符合长远利益、全局利益，就下决心参与竞争；反之，如果参与竞争必然是没有意义的失败，或者拿下项目等于拿下烫手山芋，做亏本买卖，即使总部指令要做，也要坚持原则，敢于说不。

（2）把公司利益放在心中最高位置，激流勇进。争取业务不是为了满足个人的功名利禄，放弃竞争，退避三舍不是廉洁好名，害怕承担责任，只为了维护公司利益，促进公司业务发展，就是公司业务开拓的中流砥柱，公司最宝贵的财富。

（四）爱兵如子，赏罚分明

1. 爱兵如子，体恤下属。“将视卒为婴儿，故可与之赴深溪；视卒如爱子，故可与之俱死”。海外团队的团结，内部关系的协调，对提升海外团队的战斗力起着决定性作用。第一，海外任务紧急，突发事件多，而且寻找可替代的人十分困难，因此，某个成员，遇到困难，不能冲锋在前，敢于担当，就会耽误大事；第二，海外生活单调、枯燥，内部关系不协调，更容易激化矛盾；第三，理解和爱护下属是提高团队战斗力的有力措施，艰苦的环境，孤独的生活，需要人（尤其是领导）的帮助和关怀，国外“一石”，当国内“二十石”，国外一分感情投入，比国内二十分投入效果还要好，因此团队领导必须想下属所想，急下属所急，把团队每个成员都当做兄弟姐妹对待。惟其如此，团队战斗力才能空前提高，才能无往而不胜。

2. 赏罚分明。凡事总是两个方面。如果只有“仁爱”，没有“严格”，只能算是妇人之仁，尽管平时厚待，关键时候指挥不动，不听从命令。违法乱纪得不到惩处，成员优哉游哉，这样的团队是不能打胜仗的。因此，犯了错误就应该旗帜鲜明地批评，该惩罚就惩罚，该撤换就撤换，决不能姑息养奸，听之任之。

将帅“智信仁勇严”是统一整体，不能顾此失彼，管理团队，就要刚柔相济，严慈相济。

（五）从不败到全胜

海外开拓业务，是人的活动，是主观见之于客观的行动，要想立于不败之地，必须知彼知己；要想取得全胜，还要了解自己所处的客观环境，一切从实际情况出发。

1. 知彼知己。了解我方实力，可以与对方竞争，可以与业主一拼，但如果我方只了解自己，不知道对方实力很强，不能与之冲突，那么胜利只有一半的把握；

了解对方情况，有弱点，实力差，但不了解我方有没有实力战胜对手，贸然竞争，也只有一半的把握取胜；

了解我方和对方实力对比，但不了解客观情况于我不利，不允许去竞争，取胜也只有一半的把握。

2. 知天知地。与对手竞争业务，争取项目，既是我与对手之间的“会战”，甚至是“决战”，也是我与对方在一定客观环境下的争夺，我方与对方实力相比较，我方实力强，可以不输给对方，但我方战略目标未必能实现，因为双方有可能不胜出，竞标中不是经常有废标的情况吗？因此我方与对手竞争，还应了解第三方、业主和竞争环境等客观条件，我方实力较对方强，客观环境也允许，这样才能实现完胜，这样的结局才是我们最希望看到的。

三、地形篇案例

案例一　领导者的思维方式[①]

> 视卒如婴儿，故可与之赴深溪；视卒如爱子，故可与之俱死。

一位读者对韦尔奇说：感谢在我被任命为领导之初，您提出的宝贵建议和给予的热情帮助。这个职位很高，工作也很有挑战性，我不知道应该注意自己的行为举止的哪些方面，怎样做好我的工作。

---

① （美）杰克·韦尔奇，苏西·韦尔奇．赢的答案．中信出版社，2013 年，第 45－47 页。

韦尔奇回答说：

首先要祝贺你，不是因为你被提升了（虽然这也是一件相当好的事情），而是因为你似乎已经知道，担任领导职务就意味着必须改变过去的行为方式。但很多人疏忽了这一点，他们往往正是由于这一失误，断送了自己的事业。

现实情况是，担任领导之后，你的各个方面都要随之发生改变。

在成为领导之前，成功的全部内涵就是提升你自己，也就是说，你只需考虑你的个人成就，你的个人表现，你对组织的个人贡献。你的职责是：举起手，当叫到你的名字时，站起来说出正确的答案。

当你成为领导之后，情况就不一样了。成功的内涵是提升别人，也就是说，让你的下属更机敏、更成熟、更大胆。除了注意培养和支持你的团队，你还要帮助团队中的每个成员增加自信。作为一个个体，你的行为已不再重要。诚然，和团队其他成员一样，你也会得到别人的注意——但是，你被注意的原因只是因为你的团队获得了成功。换句话说，作为领导，你的成功并不在于你每天在做什么，而在于团队的出色表现“反射”给你的荣耀。

现在，这是一个很大的转变——毫无疑问，这是一个很困难的过程。担任领导之后，你需要彻底转变你的思维方式，你不能再总想着“我怎样才能与众不同”，而应想着“怎样才能让下属把工作做得更好”。有时候，这种思维方式要求你放弃自己二三十年来拼搏进取的精神支柱！毕竟，在你的前半生——从小学一直到你的前一个职位，你一直是在为自己竞争，当你举起手说出正确答案的时候，你就算是赢了。但是，现在的情况是，你之所以被提升到领导位置上，很可能是因为上面的某位领导看中了你的组织才能，使你有机会实现从明星队员到称职教练的成功跨越。

怎样才能成功地实现这个跨越？首要之处就是积极指导你的下

属。你要利用一切机会向他们反馈你的看法——不仅仅是在年度或半年度的绩效考核到来之际。在会议、演讲或拜访客户之后，你也要与下属探讨进一步改进的办法。让每一个重大活动都成为帮助他们的机会，与他们进行探讨，告诉他们你对他们当前表现的看法，告诉他们该如何提高。在互相交流的过程中，你要旗帜鲜明地亮出你的观点！一定要直言不讳，这是高效领导者性格特点的一部分。

提升下属能力的另一个办法是深入地关心他们。你要满怀激情地面对生活、面对你们共同进行的工作，并向下属展示你对未来的乐观预期。此外，你要积极关心每个人的绩效和进步情况，并用你的旺盛精力影响周围的每一个人。

总而言之，千万不要忘记——你现在是一个领导。你不能再只想自己，你要想到他们。

案例二 在不景气中寻找生机①

进不求名，退不避罪，唯人是保。

不景气的经济环境是经营者和员工都不愿意看到的。当不景气来袭时，有的经营者自动退却了，有的经营者被压垮了，有的经营者勉强挺住了却实行了大量裁员，但还有一些经营者却巧妙地前进了。松下幸之助的松下电器公司在20世纪20年代末的不景气中正属后者，可谓是“一枝独秀”，表现傲人。这其中有观念的原因，也有转身的诀窍。

首先，松下认为在危机面前，经营者一定要最大化保障员工的利益。在1929－1930年这个全世界经济最不景气的时候，政府采取

① 钱亮.10分钟读懂松下幸之助.中华工商联合出版社，2013年，第196－200页。

了紧缩政策。随着“黄金解禁”的公布，经济一天比一天萎缩。面对不景气的经济，替松下看管工厂的井植和武久提出先裁减一半员工以解决目前的窘境。但松下却极力反对。他告诉他们：“生产额立刻减半，但员工一个也不许解雇。工厂勤务时间减为半天，但员工的薪资全额给付，不减薪。不过员工得全力销售库存商品……如何使员工有‘以工厂为家’的观念才是最重要的。”他们两人将松下的意思传达。员工们听后欣然表示愿尽全力销售公司库存。令人吃惊的是，公司所生产的产品，由于员工的倾力推销，不但没有滞销，反而造成生产量不够销售的现象，他们创下公司历年来最大销售额，解决了公司的危机。

这个想法和作风，对当时的松下电器和今天的经营者们来说都是一个难能可贵的经验积累。针对企业员工的危机内部应对，最基本的原则就是以人为本。要充分考虑危机事件可能对员工造成的伤害，并根据他们面对这种伤害预期时可能做出的反应制定应对措施。要主动与员工沟通，确保员工的知情权，控制猜忌和谣言。最重要的是，要尽最大努力保证员工利益不受损害。

当企业危机发生时，员工的第一反应必然是因自身利益可能受损而导致的担忧和不安。而这种不安如果没有得到及时的安抚，则企业可能会面临后院起火的尴尬场面。因此企业必须在发生危机时，坚持“最大限度保证员工利益”的原则，特别是普通员工的利益。要关心员工，及时为员工排忧解难，将危机带给员工的损失降到最低。在危机预防阶段，企业要配备危机管理必需的硬件与软件设施，不断改善员工的工作环境。当危机事件发生时，企业要关心员工及其家人的处境，积极提供帮助，帮助其摆脱困境。

其次，企业要学会在危机中创造商机，在不景气中寻求创新，淘出真金。在危机中，蕴含着无限商机。对待危机的策略和处理危机事件的能力，决定了企业遭遇危机事件之后的结果。危机的机遇性在于可以暴露企业的弊端，使企业能够对症下药，为进一步发展清除障碍。另外，企业在危机中往往会成为公众关注的焦点，如果能够处理得当，可以比在常态下更为有效地提高企业的知名度和美誉度，提升企业公众形象。

松下不以为不景气全然的坏。松下甚至说不景气“并不坏”、“很有趣”、不景气是发挥“演技的一场戏。”松下指出：“一般来说，不景气的时候大家都会互相切磋思考，多方检讨反省。因此，不景气过后，比以前进步的地方更多。”

从这点来看，不景气可以说是一种不断更新发展的过程。作为一个优秀的企业或企业家，不但要善于应对危机，巧妙化险为夷；更要在危机中寻求商机，趁“危”夺“机”。

对于危机的降临，回避不足取，唯一的办法就是像“智者”一样，想办法保护员工的利益，通过创新度过危机、捕捉商机。只有这样，我们的企业才能做强做大，永续经营。

案例三　适应市场，勇于放弃[①]

故战道必胜，主曰无战，必战可也；战道不胜，主曰必战，无战可也。

有读者问韦尔奇：5 年前，我们创立了一家公司，跻身当时刚刚出现的光纤通信行业。通过努力经营，虽然公司暂时没有生存之忧，但是很明显，与我们过去的预期相比，“增长空间”非常有限。我们

① （美）杰克·韦尔奇，苏茜·韦尔奇．赢的答案．中信出版社，2013 年，第 110－112 页。

是应该就此放弃，在一个新领域里重新开始，还是继续待在这个行业里继续这场生存游戏？

韦尔奇回答说：

既然你来自硅谷，大概知道这个问题的答案：生存游戏非常艰苦，也许除了技术行业外，其他行业都没有生存空间。实际上，如果死守一个低增长的技术行业，你的产品会很快走向货品化的境地，到时候，你不得不无休无止地与海外竞争对手进行惨烈的价格战。千万不要走这条路。

所以，很明显，你最好寻找一个你和你的团队可以获得更多利润、取得重大成就的新领域。看来，在你们公司的业务模型里，是否能够生存——至少是在可预见的未来生存下去，是你们考虑的一个因素。这是件好事。这意味着，你眼前的挑战是在保持现金流规模的同时，争取更多的生存时间。同时，你还可以研究将来的策略，是决定收购一家企业还是自己重建一家新企业，以及怎样向未来的新企业分配资源。

现在，上述各方面都不会让你有轻松、愉快的感觉——关闭自己的公司一般都是这样，但是，如果你知道自己面临的问题很普遍，你也许就会感觉放松一些。形势的变化从你的脚下开始，某一天，你会突然感觉自己的业务已经大不如从前。这种事情每天都在发生，各个领域都是如此，不仅仅发生在初创企业领域。实际上，这种现象在一些建立时间较长、规模较大的企业里尤其常见。在那里，新的竞争动力不知从什么地方冒出来挑战现状。不幸的是，在这些大公司里，一些业务已经在经理们心里根深蒂固，他们不会像你一样具有如此清醒的认识。

注意，事情的变化要求领导者克服一切纯粹的人为因素，例如，惰性、对传统业务的留恋、对未来心存侥幸。但是，在战略选择的重要时刻，我们必须勇于面对，至少不能感情用事，这一点很不容易做到。面对这种时刻，杰出的领导者会自我反省，问自己一个很关键的问题，即已故管理大师彼得·德鲁克在大约50年前提出的那个问题：“假如你过去没有创办这家企业，你现在还会创办吗?”如果答案是否定的，德鲁克要求你再回答第二个问题：“现在，你打算把它怎么样?”当今的所有领导者都应该听从他的建议。如果必要的话，追根究底，找到问题的结论，不管是调整、出售，还是关闭你现在的公司。

祝贺你已经提出了这个问题。虽然这是个痛苦的决策，但是你可以将你的员工从日渐渺茫的工作前景中解脱出来，给他们一个充满机遇的未来，也许这种机遇就在你新创办的企业里。

九地篇

一、兵法解读

（一）孙子曰：用兵之法，有“散地”，有“轻地”，有“争地”，有“交地”，有“衢地”，有“重地”，有“圮地”，有“围地”，有“死地”。诸侯自战其地，为“散地”。入人之地而不深者，为“轻地”。我得则利，彼得亦利者，为“争地”。我可以往，彼可以来者，为“交地”。诸侯之地三属，先至而得天下之众者，为“衢地”。入人之地深，背城邑多者，为“重地”。山林、险阻、沮泽，凡难行之道者，为“圮地”。所由入者隘，所从归者迂，彼寡可以击吾之众者，为“围地”。疾战则存，不疾战则亡者，为“死地”。是故“散地”则无战，“轻地”则无止，“争地”则无攻，“交地”则无绝，“衢地”则合交；“重地”则掠，“圮地”则行，“围地”则谋，“死地”则战。

译文：孙子说：按用兵的规律，（地区在战略上因位置和条件不同，对作战将发生不同的影响）可分为“散地”、“轻地”、“争地”、“交地”、“衢地”、“重地”、“圮地”、“围地”、“死地”。诸侯在本国境内作战的地区，叫做“散地”。进入别人国境不深的地区，叫做“轻地”。我军得到有利，敌军得到也有利的地区，叫做“争地”。我军可以往，敌军可以来的地区，叫做“交地”。处在三国交界的先到就可以结交周围诸侯取得多助的地区，叫做“衢地”。深入敌境，背后有很多敌人城邑的地区，叫做“重地”。山岭、森林、险要、阻塞、水网、沼泽等难于通行的地区，叫做“圮地”。所由进入的途径狭隘，所从退归的道路迂远，敌军用少数兵力就可以攻击我多数兵力的地区，叫做“围地”。迅速奋勇作战就能生存，不迅速奋勇作战就只有死亡的地区，叫做“死地”。因此在“散地”上，不宜作战；在“轻地”上，不宜停留；遇“争地”（应先夺占要点），不要（等待敌人占领后再去）进攻；逢“交地”，应部署相连，勿失联络；到“衢地”，则应加强外交活动，结交诸侯；深入“重地”，就要掠取粮秣；遇到“圮地”，就要迅速通过；陷入“围地”，就要运谋设计；到了“死地”，就要奋勇作战，死里求生。

解析：争地：兵家必争之地，我方认为重要，对手也认为重要（交通便利，市场潜力大，投资环境、生活环境好）。先占领要地、要点，与关键人、关键部门、代理建立关系，进入重点行业，抓住重点项目，以正合，以奇胜。交地：谨慎把守、便利之地，贸易投资自由，交通便利。保持通讯畅通，项目组、代表处相互配合，甚至与其他国别的代表处也要沟通联系，关键时候可以策应，必要时候可以提供必要的支持和帮助。衢地：通达周边多国，这样的地方可以设立中心代表处或地区部，统辖有关国家业务，同时有关材料物资，也方便由此地配发，与有关的国家部门，我驻外使馆搞好关系。重地：物产丰富，供给充分，充分利用物质优势，就地取材，保证人员的饮食，可为其他条件恶劣国家提供给养，也可以为项目实施采购物资，保障所需。围地：形势对我不利，对方居于优势地位。如项目实施过程中，有关事项处置不妥，而引火烧身，陷于被动，应想计谋脱身。死地：陷于绝境，不能自拔。索赔、围攻，这时只能置于死地而后生，不计成本的决一死战，脱离绝境。

（二）所谓古之善用兵者，能使敌人前后不相及，众寡不相恃，贵贱不相救，上下不相收，卒离而不集，兵合而不齐。合于利而动，不合于利而止。敢问："敌众整而将来，待之若何？"曰："先夺其所爱，则听矣。"

译文：古来善于指挥作战的人，能使敌人前后部队不能相策应，主力和小部队不能相依靠，官兵不能相救应，上下不能相收容，兵卒离散聚合不拢，队伍集合而不齐整。能造成有利于我的局面就打（就行动），不能造成有利于我的局面就停止。请问："假使敌军众多，而严整地向我前进，该怎样对付它呢？"回答道："先夺取敌人所心爱的有利条件，就能使它（陷入被动而）听从我们（调动）了。"

解析：自己若"率然"，前后配合，如臂使指，而使对手前后左右不能相顾。就具体业务开展来说，或通过境外团体内部的管理，提高协调配合能力，或通过总部配置资源，一场战斗的胜利不仅要求某个团队协调配合好，而且要求总公司各部门协调配合好，靠一个单位、部门单打独斗越来越不适应集团化作战要求。要清楚意识到，想使对方首尾不相顾其实在商战中很难做到。更多的时候只能使自己首尾相顾，而立于不败之地。

（三）兵之情主速，乘人之不及，由不虞之道，攻其所不戒也。

译文：用兵的意旨就是要迅速，乘敌人措手不及的时机，走敌人意料不到的创新道路，攻击敌人没有戒备的地方。

（四）凡为客之道：深入则专，主人不克；掠于饶野，三军足食；谨养而勿劳，并气积力，运兵计谋，为不可测。投之无所往，死且不北，死焉不得，士人尽力。兵士甚陷则不惧，无所往则固，深入则拘，不得已则斗。是故其兵不修而戒，不求而得，不约而亲，

不令而信。禁祥去疑，至死无所之。吾士无余财，非恶货也；无余命，非恶寿也。令发之日，士卒坐者涕沾襟，偃卧者涕交颐。投之无所往者，诸、刿之勇也。

译文：凡是进入敌国作战的规律：深入敌境，则专心一致，使敌方不能抵抗；在丰饶的田野上掠取粮草，使全军得到足够的给养；注意保养士兵的体力，不使过于疲劳，提高士气，集中力量，部署兵力，巧设计谋，使敌人莫测高深。把部队投放在无路可走的地方，就只能拼死而不能败退，既然士卒肯拼死，又哪有不得胜之理，上下也就能尽力而战了。（要知道）兵士深陷危险的境地，就不恐惧，无路可走，军心就会巩固，深入敌国，行动就不敢散漫，迫不得已，就只好坚决战斗。因此这种军队不待修整，都懂得戒备，不待鼓励，都愿意出力，不待约束，都能亲密协力，不待申令，都会遵守纪律。禁止迷信，消除部属的疑惑，至死也无处走。我军士兵没有多余的钱财，不是士兵们不爱财物；我军没有贪生胆小的人，不是士兵们都不想长命。当作战命令颁发的时候，士兵们坐着的泪湿衣襟，躺着的泪流满面。（把他们）投到除了向前拼命再无别路可走的地方，就会有像专诸和曹刿一样的勇敢了。

解析：驻外机构的人更容易搞好团结。总部对代表处统一考核、统一指挥，让其统一进退。当然也要对代表处的领导充分授权。

（五）故善用兵者，譬如“率然”；“率然”者，常山之蛇也。击其首则尾至，击其尾则首至，击其中则首尾俱至。敢问：“兵可使如“率然”乎”？曰：“可。”夫吴人与越人相恶也，当其同舟而济，遇风，其相救也，如左右手，是故方马埋轮，未足恃也；齐勇若一，政之道也；刚柔皆得，地之理也。故善用兵者，携手若使一人，不得已也。

译文： 善于用兵的人，能使部队像“率然”；“率然”是常山地方的蛇名。打它的头，尾就来救应，打它的尾，头就来救应，打它的腰，头尾都来救应。请问：“可以使军队像‘率然’一样吗?”回答说：“可以。”吴国人和越国人是相互仇恨的，但当他们同舟渡河遇到大风时，他们互相救援就像一个人的左右手。因此缚住马匹，埋了车轮，企图防止兵卒的逃亡，也是靠不住的；要使部队整齐划一，奋勇作战，在于将帅领导得法；要使强弱都能发挥作用，在于地形利用的适宜。所以善于用兵的人，能使全军手牵手地像一个人一样，这是因为使它不得不这样啊！

解析： 商业行为中，合作是关键，是首要的。在这个基础上建立利益共同体、命运共同体。内部各部门协调配合好，保证顺畅无阻。

（六）将军之事：静以幽，正以治。能愚士卒之耳目，使之无知。易其事，革其谋，使人无识；易其居，迂其途，使人不得虑。帅与之期，如登高而去其梯；帅与之深入诸侯之地，而发其机，焚舟破釜；若驱群羊，驱而往，驱而来，莫知所之。聚三军之众，投之于险，此谓将军之事也。九地之变，屈伸之利，人情之理，不可不察。

译文： 将军的处世：镇静以求深思，严正而有条理。能蒙蔽士兵的耳目，使他们（对于军事行动）毫无所知。战法经常变化，计谋不断更新，使人们无法识破机关；驻军常换地方，进军多绕迂路，使人们推测不出意图。主帅授给军队任务，要像登高而抽去梯子一样（使他们能进而不能退）；率领军队深入诸侯国境，要像拔弩机而射出箭矢一般（使它们可往而不可返）。烧掉渡船，打破饭锅，像赶羊群，赶过去，赶过来（让大家只知道跟着走），不知道要到哪里去。聚集全军兵卒，投放在危险的境地（使他们不能不拼命作战），这就是将军的责任！进到各种不同地区的机变，能屈能伸地利用情况的发展，对各种人员心理的掌握，这些都是将帅不能不研究的。

解析：带好队伍更要因地制宜，同时，认真细致观察研究地理与心理。

（七）凡为客之道：深则专，浅则散。去国越境而师者，“绝地”也；四达者，“衢地”也；入深者，“重地”也，入浅者，“轻地”也；背固前隘者，“围地”也；无所往者，“死地”也。

译文：进入敌国作战的规律是：进入得深，兵卒就专心一致，进入得浅，就容易逃散。离开本国越境出兵的，就是进入乐“绝地”；四通八达的就叫做“衢地”；进入深的，叫做“重地”；进入浅的，叫做“轻地”；背后有坚固的城堡而前面进路狭隘的，叫做“围地”；无处可走的，叫做“死地”。

（八）是故“散地”，吾将一其志；“轻地”，吾将使之属；“争地”，吾将趋其后；“交地”，吾将谨其守；“衢地”，吾将固其结；“重地”，吾将继其食；“圮地”，吾将进其途；“围地”，吾将塞其阙；“死地”，吾将示之以不活。

译文：因此，在“散地”上，就要使军队专心一致；在“轻地”上，就要部署连续；遇“争地”，就要急进，抄到敌军的后面；逢“交地”，就要谨慎防守；到“衢地”，就要巩固和邻国的结交；入“重地”，就要补充军粮；经“圮地”，就要迅速通过；陷入“围地”，就要堵塞缺口；到了“死地”，就要表示拼死战斗的决心。

（九）故兵之情：围则御，不得已则斗，过则从。

译文：兵卒的心里，被包围就会抵抗，迫不得已就会战斗，陷于十分危险的境地就会听从指挥。

（十）是故不知诸侯之谋者，不能预交；不知山林、险阻、沮泽之形者，不能行军；不用乡导者，不能得地利。四五者，不知一，非霸王之兵也。夫霸王之兵，伐大国，则其众不得聚；威加于敌，则其交不得合。是故不争天下之交，不养天下之权，信己之私，威加于敌，故其城可拔，其国可隳。施无法之赏，悬无政之令，犯三军之众，若使一人。犯之以事，勿告以言；犯之以利，勿告以害。

译文：不了解诸侯国计谋的，就不能预定外交方针；不熟悉山岭、森林、险要、阻塞、水网、沼泽等地理形势的，就不能行军；不重用向导的，就不能得地利。这几方面，有一方面不了解，都不能成为霸、王的军队。凡是霸、王的军队，进攻大国就能使敌方的民众和军队来不及动员集中；威力加在敌人头上，就能使它不能同别国结交。因此不必要争着同哪一国结交，不必要随便培养哪一国的势力，只要伸展自己的意图，把威力加在敌人头上，就可以拔取敌人的城堡，毁灭敌人的国都。施行超越法定的奖赏，颁布打破常规的号令，驱使全军兵众就像指挥一个人一般。叫他们去执行任务，不必说明为什么；叫他们去夺利，不告诉他们有危险。

解析：企业到海外去发展，不了解该国的政治、经济、外交环境，历史、地理情况，是不行的；快速掌握这些，使用代理是一个好的办法。占领市场，要有重赏重罚的办法，可以有法外施恩，也可以法外施害。

（十一）投之亡地然后存，陷之死地然后生。夫众陷于害，然后能为胜败。

译文：把军队投放在“亡地”上，然后能保存；把兵卒陷入“死地”，反而能得生。兵众陷入危险的境地，然后才能操纵胜败。

（十二）故为兵之事，在于顺详敌之意，并敌一向，千里杀将，此谓巧能成事者也。

译文：指挥作战的事，在于假装顺从敌人的意图，却集中兵力，朝一个方向进攻，长驱千里，杀其将领，这就是所谓巧妙能成大事啊！

解析：驻外团队必须要做得整齐划一，指向哪里，就打到哪里。所向无不披靡。

（十三）是故政举之日，夷关折符，无通其使；厉于廊庙之上，以诛其事。敌人开阖，必亟入之。先其所爱，微与之期。践墨随敌，以决战事。是故始如处女，敌人开户，后如脱兔，敌不及拒。

译文：当决定战争行动的时候，就要封锁关口，销毁通行符证，不许敌国使者往来；在宗庙里秘密地、认真地谋划这件大事。敌人一有空隙，就要迅速乘机而入。先夺取敌人的要地，不要同敌方约期会战。实施作战计划时，要灵活地随着敌情的变化（作相应的修改），来决定军事行动。因此开始像处女（一般沉静），使敌人不注意防备，然后像脱兔（一样突然行动），使敌人来不及抵抗。

解析：商业计划的实施也要因时因地因敌而变化。

二、九地篇应用

本篇主要研究赴目标国所遇到的不同地形应采取相应不同战略指导方针，核心思想是要争取主动，迅速行动，充分调动和指挥军队。

企业走出去，在异国他乡开展业务，争取项目，也要十分重视客观条件及目标国商业环境的不同与变化，根据企业在目标国遇到的不同情况，采取不同的对应措施。同时，前方指挥员如何带好队伍，加强管理，善于谋略，是战胜对手、取得胜利的关键所在。

（一）因地制宜，关键在人

“散地”无战，“轻地”无止，“争地”无攻，“交地”无绝，“衢地”交合，“重地”掠，“圮地”行，“围地”谋，“死地”战，九种不同地形的不同作战指导原则，要贯彻实施好，关键在于人，因此，孙子在本篇名义上描述九种不同地形，实际上主要告诉我们怎样带好队伍才能适应各种不同地形的变化，而采用不同的战略战术。

1. 识“九地”。企业到国外开拓业务，争取项目，首先对所处国家（或者拟去开拓业务的国别）要清楚了解属于哪种地形，即开拓业务所需要的商业环境、投资环境如何？是属于“散地”、“围地”、还是“死地”？“知”是“行”的前提和基础。没有“知”的“行”就是盲目的行动。

2. 针对不同的地理环境采取不同的战法，不宜争夺项目、开展业务的，就不要争夺；该迅速撤离的就迅速撤离，不可恋战；该与对手搞好关系的，就要搞好关系；遇到巨大困难陷入泥潭的，就要拼死一搏，快刀斩乱麻，甚至壮士断腕。不要心存侥幸，越陷越深。

3. 要做到应对不同情况，都能得心应手，有赖于发挥人的潜能。

（1）并气积力，戮力同心。到海外工作，团队成员朝夕相处，既容易沟通感情，又容易发生矛盾，必须正确引导，互谅互让，倡导团结气氛；安排好员工生活，既包括衣食住行物质生活，也包括文体活动等精神生活，使大家精神饱满，斗志昂扬，心往一处想，劲往一处使。

（2）遇到困难，勇往直前，吃苦耐劳，奉献在前，享受在后，不用劝诫，也会自我约束，亲密协力。

(3) 人是世界上最可宝贵的，人的潜能是巨大的，所有的工作是由人去完成的。因此，要充分调动人的积极性，既要鼓励，又要约束。提高团队的战斗力，是搞好业务的基础，这对管理者提出了很高的要求，因为麻雀虽小，五脏俱全，海外团队的管理也是涉及方方面面，下面千条线，上面一根针，都要求管理者周密谋划，周到执行，只有这样，团队成员才有专诸、曹刿之勇，团队战斗力才能强大。

（二）齐勇若一，刚柔兼得

1. 要使员工团结一致，奋勇作战，关键在于领导。团队的建设，领导班子是关键。因此，班子本身的团结对整个团队的团结起表率作用。如果班子本身不团结，势必把团队分成不同帮派，团队就四分五裂。另外，前方管理团队的决策是否正确，直接关系团队的战斗力，如果班子不了解情况，瞎指挥，乱决策，团队更谈不上团结和奋勇作战。管理团队的水平和能力，直接关系团队战斗力：一要制度明确、完善；二要执行严格、赏罚分明；三要平时在整个团队中养成良好的工作习惯。

2. 因地制宜，刚柔相济。团队强弱也是相对的，越适应并且充分利用客观条件之利的团队，战斗力越强。要使团队中的强者和弱者，都能发挥作用，关键在于分工，关键在于能否充分发挥员工的特长，知人善任、扬长避短，把合适的事情交给合适的人去做。

3. 三军之众，使若一人。整个团队的指挥，令行禁止，步调一致，指挥一个团队就像指挥一个人，做到以臂使指。这就要求团队做正确的事，团队成员正确地做事，内部配合好、协调好，无缝对接。

（三）静以幽，正以事，谋心智

作为海外团队的掌舵人，既要有深谋远虑，又要与下属同甘共苦，打成一片；既要有民主作风，平等待人，又要保持距离，保持威严；既要洞察行为，又要研究团队人员心理活动。

1. 镇静思考，严正有理。遇到危机，镇静自若，团队治理严正、有条理。重要的关系全局的决策，而又需要极度保密的，要经常变化处理方式方法，计划不断更新，使对手无法识破；采取迂回之计，使其猜不透意图。对各种变化的客观情况，要采用不同的方法，仔细研究进攻或退却的利弊得失，并且注意掌握人的心理活动。

2. 深入分析研究目标国的自然社会状况。首先，做到不了解目标国的政策制度，尤其是吸引投资的有关政策，包括关税政策、所得税和营业税政策、用工制度、外汇政策，不能与之签署有关合作协议；其次，做到不知道自然环境，就不要大规模派出人员。安全形势、疾病状况、自然条件等对大规模人员活动影响巨大，事先必须深入了解，不可贸然行动；最后，做到不能很好地用代理就不能充分利用目标国的客观优势，一定要找有能力的代理。

3. 法外施恩。一般来说，海外团队应该严格执行总部的各项规章制度，但是制度总有疏漏，难以适应海外各种复杂情况，在遇到没有规章的新情况，或制度规定已明显不符合实际情况的，为了进一步调动员工的积极性，可以灵活施行超越法定的奖赏，颁布政外号令。

（四）认真谋划，随机应变，速不可及

在与对手正面交锋时，要认真谋划，同时要因敌而变，而且变化要及时、要快。

1. 决胜于庙堂之上。“未战而庙算胜者，得算多也；未战而庙算不胜者，得算少也，多算胜，少算不胜”。因此，在与对手会战之前，没有不进行周密计划的。要考虑各种各样的情况，制定完备的竞争方案。

2. 随机应变。战前不可能没有计划，但是也没有任何一次会战是完全按战前制定的计划进行的，商场如战场，也会随时发生变化，真正高明的指挥员，就是根据战时的实际情况，随时调整之前的计划，有的放矢，随机应变。

3. 其疾如风。发现对方有弱点暴露，就像脱兔一样，以迅雷不及掩耳之势插入对手的漏洞，利用其弱点，迅速扩大战果。否则，行动太慢，对方反应过来进行亡羊补牢，我方就丧失机会了，再争取机会就会更难。

三、九地篇案例

案例一　为什么没人聘用我？[①]

> 九地之变，屈伸之利，人情之理，不可不察。

有读者问韦尔奇：目前，我惨淡经营着一家小型的管理咨询公司——公司之所以不景气，主要是由于资金来源问题。几个月之前，我决定关闭公司，于是我开始向外投递简历，想申请一个主管职位——可是结果呢，说得委婉一点，很不理想。您觉得问题可能出

① （美）杰克·韦尔奇，苏茜·韦尔奇．赢的答案．中信出版社，2013年，第210－212页。

在我的简历上，还是我的面试表现不够出色？一句话，我怎么才能走出目前的困境，把自己推销出去？

韦尔奇回答说：

我们还是面对现实吧。咨询师一般很容易找工作。一般来说，他们的学历都很高，在某种程度上通晓某些批判性思维的技巧，并且既拥有广泛的行业经验，又熟悉最新的管理工具。事实上，你没有被那些公司慧眼识中，说明你不仅仅是简历和面试时的临场发挥有问题，你的预期也有问题。

你是否想过，你的目标是不是设定得太高了？毕竟，你的主要资历——或者说，至少你最后获得的资历，是你现在经营的这家公司，而且这家公司目前经营不善。很明显，对任何潜在雇主来说，失败者是不受欢迎的，所有企业都青睐成功者。现在，怎么才能走出你所说的“困境”？

第一，积极寻找并在面试中努力争取比你目前考虑的职位低一个层次的工作。你的处境非常严峻——重新加入到打工族的行列，你可能很难找到主管的职位。如果想再次踏进公司的大门，你可能必须先从没有任何管理职权的基层员工做起。这可能会打击你的自尊心，给你的收入造成一定影响。但是，如果你确实是优秀的，如果你能够用实际行动来证明你的能力，你的职业将很快走上快行道。

第二，在降低预期的同时，拿出坦诚的态度，开诚布公地向用人单位推销你自己。不管是在简历的填写上，还是在面试中，都不要回避你现在经营的这家咨询公司的困境。不要推脱责任，说什么“缺少资金来源”之类的话，好像公司经营不善是你无法控制的。你是公司的老板，而你不能筹集到足够的种子资金，或开发到足够的客户，或提高自己的利润，这完全是你自己的能力有问题。你要承担自己在经营不善中应该承担的责任。比如，坦诚地告诉对方，你的失误在哪里，将来你打算怎样避免这些失误；告诉对方你从这段经历中获得了什么经验、你的业务能力有了哪些提升——比如，你学会了更深刻地分析问题，如何果断决策等。你的简历只能让对方了解你的大致情况，但是你的坦诚——还有你希望重新开始的热切请求——可以打动潜在的雇主，这比任何言语都更有效。

第三，要有一个积极的心态。从失败的阴影中走出来，去找一份新工作不是一件容易的事情，这个过程往往要比我们想象的时间长。虽然困难重重，但是失望、愤怒等消极情绪会对你目前找工作更加不利。还有你的萎靡不振、你的举止，无论你怎样掩饰，还是会影响你在潜在雇主面前的形象。你还可以私下请朋友和家人帮忙，尽快走出情绪的低谷，以积极乐观、坦诚率直的态度来面对潜在的雇主，让大家相信你可以重塑你的事业，你可以为新工作倾注你尚未开发的全部潜力。

案例二 做出该舍则舍、该进则进的正确判断[①]

合于利而动，不合于利而止。

日本铁路董事长佐伯勇说：松下先生的事业特色，是准确地洞察需要趋势，亲自找出发展的窍门，不断创新。他是一个自由自在的人，能用率直、没有偏见的心去观察倾听而累积出雄厚的悟性，才能做出该舍则舍、该进则进的正确判断。对事业，对人生，都是如此。

松下年轻的时候曾寄宿在同事家里，另一位同一屋檐下的同事芦田也在那里寄宿。芦田是一位前程似锦的好青年，他经常劝松下和自己一起到关西商工读书；但松下很喜欢自己的职业，而且技术

① 钱亮. 10 分钟读懂松下幸之助. 中华工商联合出版社，2013 年，第 46 – 48 页。

特优，于是很自然地拒绝了。直到有一次芦田漂亮的字迹被房东和老板娘夸奖时，松下觉得很受刺激，慢慢反省，终于在十八岁那年下定决心，于第一次世界大战爆发的前一年进入关西商工就读预科。

通过一年努力的学习，松下终于拿到了预科毕业证书。同期入学的五百多人毕业的只剩下三百七十人。当时松下的成绩是第一百七十五名。当时松下觉得还行，在中等以上可以不用自卑了。好不容易读完预科，懂了一些代数、物理和化学的基础，终于进入了本科的电机科。

虽然是松下的本行，但困难却接踵而至。进入本科以后，三角以外的学科全靠课堂上作笔记。对于基础尚薄弱的松下来说，写字这一项完全没有练习过，拼命赶仍然赶不上。最后松下遗憾地退学了。

松下的例子让我们看到，人生中将会遇到很多的取舍，而取舍往往伴随着痛苦。我们要做的就是当舍则舍，该进则进。我们要看到舍背后的得，才能顺利挖掘到人生的第一桶金子。我们难以抉择的根源在于有所得必定有所失；过于追求完美，或者凡事都想万无一失，反而会和预期的结果越来越远。

试想一下，假如比尔·盖茨依然选择在哈佛深造，学习课本上千篇一律的东西，他是否还可能革新电脑界？他曾说过这样一句激动人心的话：“人生是一场大火，我们每个人唯一可做的就是从这场大火中多抢救一些东西出来。”

人的一生经历无数次选择，即无数次机会的把握。可以用一个经济学的词汇来描述：机会成本。

正确的选择可以造就生命中灿烂的前程，错误的选择可以毁掉生命中的梦想而使人尝尽遗憾的苦果。因此，选择需要高深的思维功底，选择需要切合实际的判断能力，选择需要谨慎的态度，选择需要果断的决策，选择需要充足的时间。

火攻篇

一、兵法解读

（一）孙子曰：凡火攻有五：一曰火人，二曰火积，三曰火辎，四曰火库，五曰火队。行火必有因，烟火必素具。发火有时，起火有日。时者，天之燥也；日者，月在箕、壁、翼、轸也。凡此四宿者，风起之日也。

译文：孙子说：火攻有五种，一是火烧营寨，二是火烧积聚，三是火烧辎重，四是火烧仓库，五是火烧粮道。实施火攻必须有条件，火攻器材必须经常准备着。放火要看天时，起火要看日子。天时是指季候的干燥；日子是指月亮行经“箕”、“壁”、“翼”、“轸”四星宿的位置，月亮经过四星宿的日子，就是有风的日子。

（二）凡火攻，必因五火之变而应之。火发于内，则早应之于外。火发而兵静者，待而勿攻，极其火力，可从而从之，不可从而止。火可发于外，无待于内，以时发之。火发上风，无攻下风。昼风久，夜风止。凡军必知有五火之变，以数守之。

译文：凡用火攻，必须凭借这五种火攻的变化使用并用兵力配合它。从敌人内部放火，就要及时派兵从外部策应。火已烧起而敌军仍然保持安静的，应等待一下，不可马上发起攻击，应加猛火势，如果可以进攻就进攻，不可进攻就停止。如果从外面放火，就不必等待内应，只要适时放火就行。火在上风放，不可从下风进攻。白天风刮久了，夜晚就容易停止。军队必须懂得灵活地运用五种火攻的方法，并根据观察有风的征候时使用它。

（三）故以火佐攻者明，以水佐攻者强。水可以绝，不可以夺。

译文：用火辅助进攻的，明显地容易取胜；用水辅助进攻的，攻势可以加强。水可以断绝敌军，但不能夺取积蓄。

（四）夫战胜攻取，而不修其功者凶，命曰“费留”。故曰：明主虑之，良将修之。非利不动，非得不用，非危不战。主不可以怒而兴师，将不可以愠而致战；合于利而动，不合于利而止。怒可以复喜，愠可以复悦；亡国不可以复存，死者不可以复生。故明君慎之，良将警之；此安国全军之道也。

译文：凡打了胜仗，夺取了土地城邑，而不能达到战略目的的会遭殃，这叫做“费留”。所以说，明智的国君要慎重地考虑这件事，良好的将帅要认真地研究这件事。不是有利不行动，不是能胜不用兵，不是危迫不作战。国君不可因愤怒而发动战争，将帅不可因气忿而出阵求战。对国家有利才行动，对国家不利就停止。愤怒可以恢复到喜欢，气忿可以恢复到高兴；国亡了就不能复存，人死了就不能再生。所以明智的国君（对此）要慎重，良好的将帅（对此）要警惕；这是安定国家和保全军队的关键！

解析：占领了市场要马上巩固，要经营、深挖，拿到了项目就一定要建设运营好，按时保质完工交付，及早地发挥项目作用。否则，战胜攻取而不修其功，徒劳无益，竹篮打水一场空。所以要慎重出战，稳健经营，有把握拿到项目，运营好，自己也赚钱就干，否则就不干。不可想当然，不可意气用事。

二、火攻篇应用

以资金为助，如虎添翼

《孙子兵法》中的火攻篇，主要讲用火攻的具体方法。对企业走出去而言，当然不能用火攻拿到项目。但是，企业走出去开拓业务，能否成功，关键一点是否有充裕的资金。如果企业竞争项目，能带资兴建，竞争地位就立刻上升。本文探讨一下企业走出去如何争取资金支持，而使竞争胜算可能性大大增加。

（一）资金对走出去企业如虎添翼

1. 企业走出去的主战场，在广大发展中国家，甚至有些重债穷国或世界上最不发达国家，这些国家经济发展水平比较低，因此财政资金非常紧张，支出需求多，收入来源少，长年入不敷出；这些国家还有一个不同于中国的地方，中国即使在改革开放初期，居民储蓄率还是比较高，而这些国家居民储蓄率很低，因此财政资金和信贷资金都是稀缺资源。

2. 经济学中有一个著名的生产函数，$Q = AL^{\alpha} \times K^{\beta}$，Q 代表产出水平，L 和 K 分别代表劳动力和资本，研究结果表明，劳动力和资本对经济发展的贡献率在 30% －40% 之间，因此资本对经济发展是很重要的因素。

3. 企业到海外实施项目。一是要有商机，能开拓市场，拿到项目；二是实施项目，回笼资金，否则，企业一味为海外项目垫资，企业的资产流动性就会出问题。因此，没有资金，一方面影响企业开拓市场，因为目标国缺乏资金，中资企业如果不能带来资金，项目很难被规划出来，即使规划出来，也很难实施；另一方面企业竞标时，也很难有优势。因此带资建设项目是企业参加竞标极为有力的抓手。

因此，资金支持，可以增大市场潜力，把目标国没有能力建设，甚至想都不敢想的项目变成现实，为企业扩大商机；同时，为企业开拓市场竞争项目提供可能，还可以增强资产流动性。所以说资金支持使企业“走出去”，如虎添翼。

当然，金融机构不可能为所有企业走出去添砖加瓦，对于没有实力走出去，或走不好的企业，不会提供资金支持。

（二）企业可以利用金融机构资金支持的主要方式

企业利用金融机构资金支持走出去的方式多种多样。按企业是否承担债务，可分为债务融资和股权融资；按本部承担债务或由中方企业控股的项目公司作借款人，或由外方承担债务或非控股或外方独资公司作借款人，可以分为买方信贷和卖方信贷；按照项目公司运作财务模式不同，又可分为 EPC，PPP，BOT 或 BOOT 模式。

1. 主权借款或担保。目标国为发展本国的政策性项目，如发展公益性的基础设施或实施工业化目标，政府可以用未来的财政收入作还款来源或作质押，从中国借款，借款人或法律上规定的有权代表借款国政府对外“举债”的有关政府部门（一般为财政部，有的是经济计划部，个别国家是外交部）；贷款人可以是外国政府、国际金融机构（世界银行、IMF、亚行）或商业银行、政策性银行等。

2. 业主作借款人，贷款人可以是国际金融机构，或政策性金融机构、商业银行，也有政府提供贷款的。

3. 项目公司作借款人，贷款人可以是国际金融机构、项目股东、商业银行或政策性金融机构。

4. 走出去企业作借款人或担保人，贷款人可以是政策性金融机构、商业银行。

5. 基金作为投资人，对项目进行投资，占一定股份，并且建立退出机制。

（三）企业“走出去”获取资金支持的宏观可行性

前文已讲到，目标国要发展，必须要有资金支持，但发展中国家普遍缺乏资金，我国国民储蓄率高，外汇储备充足，可以为企业走出去提供资金支持。

1. 政策性银行支持企业走出去业务发展较快，国家对中国进出口银行和国家开发银行进行改革的方案中，明确大规模注入资本金，这对提高政策性金融机构支持企业走出去的力度是利好的，出口信用保险公司也把支持企业走出去作为业务发展的重点领域。

2. 以中农工建交为代表的商业银行，业务迅猛发展，正居世界金融机构资产规模前列，为支持企业走出去奠定了良好基础。

3. 丝路基金和中外产能合作基金作为种子基金，对支持企业走出去的作用也不可小觑。

4. 亚投行筹建相对顺利，对我国企业走出去也将发挥重大作用。

支持企业走出去，是我国政府的重点战略方针，国家必然动用财政、金融手段，加大支持力度。从各国经济发展和大国崛起的历史过程审视，企业走出去对国家的发展，民族振兴意义十分重大。企业走出去的主体是企业，但是走出去只靠企业自己，困难是很大的，世界上任何一个国家的企业走出去，背后都有政府的鼎力支持，“一带一路”、“三网一化”都是我国政府搭台、企业唱戏的具体形式，其实质相当程度上是为我国企业走出去服务的，在这样一个大背景下，金融财政支持自然是题中之义。

(四) 企业走出去如何争取金融机构的支持

知彼知己，百战不殆。企业一方面需要了解国家支持企业走出去的有关政策，还要了解和研究金融机构尤其是政策性金融机构支持企业走出去的要求，哪些领域，哪些条件，有针对性地开展工作。

1. 政策性金融机构支持，首先要符合政策。优惠贷款和优惠出口买方信贷支持的国家，首先是对中国友好，其次必须主权借款或担保。

2. 凡银行都强调贷款的可偿还性，银行的资金大部分也是借来的，银行也需要对债权人偿还，如果贷出去的资金收不回来，银行自身发展也就不可持续了。因此，走出去的企业要获得银行资金支持，必须充分考虑借款人或担保人的还款能力，银行提供贷款，最关心的是“坏”的时候会有多“坏”，因为项目效益再好，银行也不过是获取利息，但项目效益差，本金都可能收不回来。因此，“项目收益长期稳定，现金流可控，换汇无障碍”就构成了银行贷款支持企业走出去最重要的三个因素。

3. 程序上要合规。银行提供贷款有一系列的制度规定，程序也比较复杂，这是因为对银行来说，提供贷款时，面临着一系列信息不对称引发的道德风险和逆向选择风险，银行为了最大化避免贷款风险，必须从制度设计上就十分严密，既要保证贷款风险可控，又要保证程序上合规，如“两优”贷款的“五要件”，还要考虑“批签放收行”五个方面的要求，企业要获取贷款，就必须“先为不可胜，以待敌之可胜”，“立于不败之地，而不失敌之败也”。把自身工作做好，把项目选好。

4. 股权投资与债务融资。风险偏好不同，对走出去企业项目选择也不同，投资更注重效益性，债务融资更重视现金流是否充足；投资重视长期性，债务融资重视贷款期限内项目可持续性；投资重视项目成长性，贷款则更重视稳定性。

三、火攻篇案例

案例 怎样应对比你能干的下属[①]

合于利而动，不合于利而止。

有读者问韦尔奇：我很想听一听您的建议——这种情况您也可能经历过，怎样管理能力出众的员工。您又不能把自己解雇，所以，有什么好办法吗？您会隐瞒这个员工的绩效吗？或者说，希望组织不知道您的下属比您能干？

韦尔奇回答道：

或者，你应该祝贺一下。

对于上司来说，最理想的事情就是（你说的对，我也经历过这样的情况）拥有比你反应更快、点子更多，或者说在某些方面比你更能干的下属。这就像买奖券一样，你突然发现团队里冒出一个可能会提高所有团队成员的绩效和影响的队员。其中包括你。

是的，你的这种感觉也很自然——你担心这个“能力出众”的员工会让你相形见绌，也许你还担心他会影响你的发展。但实际情况往往恰恰相反。

① （美）杰克·韦尔奇，苏茜·韦尔奇．赢的答案．中信出版社，2013年，第86－88页。

原因是，一般来说，评判领导的业绩不是看他个人的贡献。像评估普通员工一样评估领导个人的贡献有什么意义呢？在评判大多数领导的业绩时，我们一般看他们在个人和集体两个层面雇用、培养和激励员工的效果如何——所有这些都会从最后的结果中体现出来。所以说，在你雇用了优秀员工、释放了他们的工作热情时，你不应该有失落感，因为你就像是一只能下金蛋的鹅。

你大可继续下“金蛋”。没有一个公司不欢迎能够为他们挖掘出优秀的员工并为这些员工营造良好发展环境的领导。你可能不是最擅长此道的领导，但是如果你能不懈地展示这些领导技巧，人们会认为你是公司里善于发掘和培养人才的人，那么你的事业成功之日就指日可待了。

我们并不是说，管理“出众”的员工是一件很轻松的事情。事实上，你的问题让我想起几年前芝加哥的一位读者提出的问题。他说在他的7个直接下属中，有两个下属的能力要比他强，他问我他该怎样评估他们的绩效。

“其他5个人怎么样？”我们从这个问题上找到了解决问题的突破口。我们来考虑考虑他提出的这个问题。到底怎样来评估那些你感觉比你有能力的员工？

在你雇用了优秀员工、释放了他们的工作热情时，你不应该有失落感，因为你就像是一只能下金蛋的鹅。

你不用这样。我的意思是，你不要评判他们的才智和独到的技术。当然，你可以谈论他们的业绩，但同样重要的是，你必须关注他们还有提升空间的地方。这已经不是什么秘密——即使是一些能力很强的人也可能有欠缺的地方，比如，难以与同事相处、听不进其他人的建议。另外，他们中的个别人想成为领导，而这正是展示你的经验和自信的地方，你的指导可以给他们带来巨大帮助。

这样，管理能力出众的员工和管理普通员工没什么两样。在庆祝他们成长的过程中，你也会学到许许多多的东西——你的担心完全是多余的。

用间篇

一、兵法解读

（一）孙子曰：凡兴师十万，出征千里，百姓之费，公家之奉，日费千金。内外骚动，怠于道路，不得操事者，七十万家。相守数年，以争一日之胜，而爱爵禄百金，不知敌之情者，不仁之至也，非人之将也，非主之佐也，非胜之主也。故明君贤将，所以动而胜人，成功出于众者，先知也。先知者不可取于鬼神，不可象于事，不可验于度，必取于人，知敌之情者也。

译文：凡是兴兵十万，出征千里，“百姓”的耗费，“公室”的开支，每天都要花费“千金”；全国内外动乱不安，（运输军需物资的队伍）疲惫于道路上，因而不能耕作的将有七十万家。这样相持几年，只为了争一朝胜利，如果吝惜爵禄和金钱（不重用间谍），以致不能了解敌情（而致失败），那就是最不仁慈的人，就不是良好的将领，就不是国君的辅佐，就不是胜利的主帅。开明的国君、贤良的将帅，其所以动辄战胜敌人，成功地超出众人者，就在于事先了解情况。要事先了解情况，不可用祈求鬼神去获取，不可用相似的事情做类比推测（吉凶），不可用夜视星辰运行的度数去验证，一定要从知道敌人情况的人口中去取得。

解析：知彼知己，百战不殆。用间是获取对方情况，解决“知彼”问题的重要手段，必须不惜重金，慎用之、厚待之。事先了解情况非常重要，因为情况了解是否全面、准确、深刻、细致，对胜利的取得是决定性作用的，只有先知才能先胜。只有先胜才能求战，企业走出去必须十分重视信息、资料的搜集工作，否则，就成为盲人骑瞎马。

（二）故用间有五：有因间、有内间、有反间、有死间、有生间。五间俱起，莫知其道，是谓神纪，人君之宝也。因间者，因其乡人而用之。内间者，因其官人而用之。反间者，因其敌间而用之。死间者，为诳事于外，令吾间知之，而传于敌间也。生间者，反报也。

译文：使用间谍有五种：有“因间”、“内间”、“反间”、“死间”、“生间”。五种间谍同时都使用起来，使敌人莫测高深，这是神妙的道理，是国君的法宝。所谓“因间”，是诱使敌方乡人而利用他。所谓“内间”，是诱使敌方官吏而利用他。所谓“反间”，是诱使敌方间谍为我所用。所谓“死间”，是先散布假情况，使我方间谍知道，然后传给敌方（敌军受骗，我间不免被处死）。所谓“生间”，就是能活着回报敌情的。

（三）故三军之事，莫亲于间，赏莫厚于间，事莫密于间。非圣智不能用间，非仁义不能使间，非微妙不能得间之实。微哉！微哉！无所不用间也。间事未发，而先闻者，间与所告者皆死。

译文：所以在军队人事中，没有比间谍更亲信的，奖赏没有比间谍更优厚的，事情没有比间谍更秘密的。不是高明智慧，不能利用间谍；不是仁慈慷慨，不能指使间谍；不是用心微妙，不能取得间谍的真实情报。微妙呀！微妙呀！无所不可以用间谍啊！间谍的工作尚未进行，先已传泄在外，那么间谍和听到（秘密）的人都要处死。

（四）凡军之所欲击，城之所欲攻，人之所欲杀，必先知其守将、左右、谒者、门者、舍人之姓名，令吾间必索知之。

译文：凡对要打的敌方军队，要攻的敌方城堡，要杀的敌方官员，必须先打听那些守城将官、左右亲信、掌管传达通报的官员、守门官吏和宫中近侍官员等的姓名，使我们的间谍一定要侦察清楚。

（五）必索敌人之间来间我者，因而利之，导而舍之，故反间可得而用也。因是而知之，故乡间、内间可得而使也；因是而知之，故死间为诳事可使告敌；因是而知之，故生间可使如期。五间之事，主必知之，知之必在于反间，故反间不可不厚也。

译文：必须搜索出前来侦察我军的敌方间谍，要用重金收买，优礼款待，诱导安置，使为我用，这样"反间"就可以为我所用了；由此而了解情况，这样就能使"死间"传假情报给敌人；由此而了解情况，这样就可以使"生间"按预定时间回报敌情。五种间谍的使用主持者都必须懂得。了解情况最主要的在于"反间"，所以对"反间"是不可不厚待的。

（六）昔殷之兴也，伊挚在夏；周之兴也，吕牙在殷。故惟明君贤将能以上智为间者，必成大功。此兵之要，三军之所恃而动也。

译文：从前商朝的兴起，伊尹曾经在夏；周朝的兴起，姜尚曾经在殷。所以明智的国君，贤能的将帅，能用高级的有智慧的人做间谍的，一定能建树大功。这是用兵重要的一着，整个军队是要依靠它来决定行动的呀！

二、用间篇应用

《孙子兵法》第一篇就讲"未战而庙算胜者，得算多也"。用五事七计来评估对手的实力，首言计，终言间。用计是开始用来决定胜负的，用间是用来探听对手实力的，用间也是用来最后决定胜利的。

企业走出去，信息十分重要，尤其是现代社会，信息大爆炸的年代，无时无刻不用信息来辅助决策，无时无刻不依靠信息开拓业务。现代通讯工具的发达、便捷也为信息传递提供了便利，而要准确、全面、及时地了解对手的情况，最好的办法还是用间。

（一）高度重视间谍作用

《孙子兵法》一直在强调先知，先知才能先胜，企业走出去，兴师十万，出征千里，费时费力，最终是为了开拓业务、发展业务、争取项目、获得回报。如果不重视信息，不重视间谍的作用，就一事无成。

有实力有发展的企业，之所以能步步走到对手的前头，采取的竞争措施稳准狠，就是因为比其他人先了解情况。先知是先胜的前提和基础，没有先知，就没有先胜；没有先胜，就不是善于指挥前方团队作战的将帅。

搜集情报，一定要选拔知识丰富、富有敬业奉献精神、聪明细致严谨的人，“用间”本来就是用人。人的因素对于用间的成功具有决定性作用。

（二）待遇优厚，留住人才

搜集情报风险大，准确性要求高，但工作秘密，单调，且危险性极高，因此对待情报搜集人员一定要有优厚的待遇。谍报人员是公司的宝贵财富，公司的战略决策，如果没有准确的情报作支撑，正确性、前瞻性就很值得怀疑，因此谍报人员功莫大焉。

选择情报人员必须慎之又慎，一定选择可靠的人、能力强的人、对公司忠诚度高的人，同时做好保密工作，单线联系。因为保密工作做不好，直接关系情报人员安危。

凡是重要的业务开拓，关系重大的项目，一定要有自己的信息渠道，只有掌握了正确的信息，才能有的放矢，否则就是盲人摸象，误打误撞。

（三）精耕细作，巩固成果

企业走出去，到某个国家、地区，取得一定业绩后，一定要深耕细作，苦心经营，扩大战果；一定要巩固好根据地，不可狗熊掰棒子，打一枪换个地方，占领了一部分市场，拿下一两个项目，但不能巩固胜利成果，乘胜前进，那是很危险的。

前方管理团队，一定要把公司利益放在心上，不对公司的利益有利，就不作为；没有必胜的把握，就不与对手交战；不是非争不可的项目，就不一定去争，不能凭意气用事。符合公司利益就行动，不符合公司利益就不行动。

三、用间篇案例

案例一　充分研究顾客：消费者是最好的老师[①]

> 故明君贤将，所以动而胜人，成功出于众者，先知也。

巨人集团董事长史玉柱说：市场上没有所谓的专家，唯一的专家是顾客。史玉柱最爱做的事情就是研究顾客，他说：谁消费我的

① 龚俊恒．德鲁克管理思想．中国华侨出版社，2013年，第180－181页。

产品，我就要把他研究透，一天研究不透，我就痛苦一天。史玉柱说过，脑白金品牌的策划，完全遵守“721”原则，说把消费者的需求放在第一位，用70%的精力为消费者服务；投入20%的精力做好终端建设和管理；只花10%的精力去处理和经销商的关系。

当初保健品市场竞争那么激烈，可是史玉柱还是用脑白金、黄金搭档创造了一个奇迹。究其原因，史玉柱认为：“我的成功没有偶然因素，是我带领团队充分关注目标消费者，做了辛苦调研而创造出来的。”之所以要花大量精力在消费者身上，史玉柱认为：消费者是最好的老师，你只要能打动消费者就行了。

准备开发脑白金市场的时候，史玉柱将江阴作为大本营。在启动之前，史玉柱先进行了一番调查。他挨家挨户地去寻访。白天乡镇里的年轻人都出去工作了，在家里都是老年人，寂寞孤单，因此史玉柱一去，他们特别高兴。通过聊天，史玉柱就看出了其中的奥秘。他因势利导，推出了“今年过节不收礼，收礼只收脑白金”的广告。后来，这个广告就家喻户晓了。

案例二　先知市场者先胜①

故明君贤将，所以动而胜人，成功出于众者，先知也。

增强顾客对公司商品的信任度和兴建超级商场，是克罗格杂货与面包公司安然度过大萧条和反连锁店运动的两张王牌。到1935年，公司已拥有50家超级商店。第二次世界大战结束后，约瑟夫·霍尔出任克罗格杂货与面包公司总裁。这位以创新著称的人揭开了公司发展史上新的一页。

① 龚俊恒．德鲁克管理思想．中国华侨出版社，2013年，第203－205页。

霍尔将公司更名为克罗格公司，并一下子引进了45种公司专卖商标，以加深顾客对公司商品的印象。顾客调查活动是霍尔亲自主持的一项重大改革措施。霍尔坚持认为：“对公司发展什么商品、增加哪些服务、使用什么销售手段等问题最有发言权的是顾客。”

为此，他在所有现金出纳机旁安装了顾客“投票箱”。顾客可以把自己对克罗格公司的意见和建议投入箱内，如需要哪种商品、哪种商品应该如何改进、需要什么专项服务，等等。每一张票上面都留下顾客的姓名和联系地址，一旦顾客的建议被采纳，他就可以终生免费在克罗格公司的商店里享受该种服务或购买该种商品，还可以获得公司赠与的优惠折扣消费卡，在购买任何商品是都享受打折优惠。

“投票箱”深受顾客欢迎，提建议者络绎不绝。克罗格公司就根据顾客的建议对症下药，使公司每一项新出台的措施、每一种新上市的商品都能一炮打响。公司的经营范围扩大到德克萨斯、明尼苏达和加利福尼亚。1952年，其销售额突破10亿美元大关。

1960年，克罗格公司根据顾客的建议，在商店中增设药品柜台，大获成功。1962年，又根据顾客的建议，开设了折扣商店，这种商店的装修极为简陋、服务项目少得可怜，顾客完全像是进入一家堆满货物的仓库自行挑选。由于减少了经营管理费，所以这里的商品价格格外便宜，牢牢吸引住了具有庞大购买力的工薪阶层。到1963年，公司年销售达到20亿美元。

詹姆斯·赫林于1970年就任克罗格公司总裁。赫林把公司设立的顾客“投票箱”称为“科学的市场调查法”，他要求公司员工要“像满足情人的要求那样”去满足顾客的要求。克罗格公司的企划、广告、革新都是根据顾客的意愿来进行的。例如，公司率先在易腐烂商品的包装上注明有效期、推出无污染的“绿色食品”、在富强粉食品中增加面粉精加工过程中易损失的营养物质等。

克罗格公司之所以能赢得顾客的长期信赖，获得持续成功，关键就在于公司的高层与顾客的零距离接触，只有接触顾客，才能更好地满足顾客的需求，公司深谙这一道理。

克罗格公司这一系列动作说明：必须摧毁过去的产品开发体制，变“向顾客推销产品”为“顾客需要什么，我们就开发什么、生产什么”，进而发展到“顾客还说不清需要什么，我们已经送上产品、让他获得意外的惊喜”。所谓“市场营销不是卖，而是买”，讲的就是这个道理。

下篇

商战理论与实践

关于“两优”贷款优惠度影响因素的思考

“两优”贷款（包括援外优惠贷款和优惠出口买方信贷）优惠度问题既是一个理论问题，也是一个实际问题。由于世界银行和国际货币基金组织（IMF）对广大发展中国家实施大规模的减债，在达到减债完成点之前和实施减债后的一段时间，发展中国家在对外举债时往往受世界银行和IMF限制，主要是通过这两个国际金融机构对借款国借款优惠度的审批。因为这个原因，使得许多非洲国家无法借款，或部分已批贷项目贷款协议无法签署甚至撤项，刚果（金）的通信项目、尼日尔铀矿项目、科摩罗电信项目，都受到贷款优惠度的严重影响。因此，把优惠度问题的概念研究透，把影响因素分析透，既可以与外方在协议谈判中据理力争，又能够引起政府有关部门对提高“两优”贷款优惠度的政策研究的重视，从而实行差别化的优惠政策。

一、贷款优惠度的概念

贷款优惠度指的是贷款优惠的程度，也就是赠予成分的高低。一笔贷款的优惠度可用该笔贷款的现金流入现值与流出现值的差的相对量表示，用公式可描述为：

$$GE = \frac{NPV}{PV_1} \times 100\% \qquad NPV = PV_1 - PV_2$$

其中PV_1、PV_2分别代表贷款流入与流出的净现值。

从目前“两优”贷款的现状来看，一般收取的息费包括利息、管理费、承诺费，管理费按照贷款的一定比例一次性收取，承诺费按未提款的一定比例分次收取。

1. 宽限期n_1，还款期n_2，贷款期 n，$n = n_1 + n_2$；提款期n_0

2. 贷款利率 I，折现率 r

3. 贷款额 M

4. 管理费率I_1，承诺费率I_2，管理费$F_1 = M I_1$，承诺费$F_j = N_j I_2$，N_j代表未提款额，$N_j = M - M_j$，M_j代表已提款额

5. 利息$I_1 = M_j I$（提款期），

$I_2 = MI$（宽限期），

$$I_3 = \frac{2n_2 - j}{2n_2} M \cdot \frac{I}{2}$$

则有：

现金流入现值：

$$PV_1 = \sum_{j=1}^{n_0} \frac{M_j}{(1+r)^j}$$

现金流出现值：

$$PV_2 = F_1 + \sum_{j=1}^{n_0} \frac{F_j}{(1+r)^j}$$

$$PV_3 = \sum_{j=1}^{n_0} \frac{M_j I}{(1+r)^j} + \sum_{j=n_0+1}^{n_2} \frac{M \cdot I}{(1+r)^j} + \sum_{j=n_2+1}^{n} \frac{2n_2 - j}{2n_2} M \cdot \frac{I}{2}$$

$$PV_4 = \sum_{j=n_2+1}^{n} \frac{2n_2 - j}{2n_2} \cdot M$$

优惠度 $GE = \frac{PV_1 - PV_2 - PV_3 - PV_4}{PV_1} \times 100\%$

由以上公式可看出，优惠度一般影响因素有：

1. 费率。管理费率和承诺费率与优惠度负相关。管理费率和承诺费率越高，现金净流出越大，优惠度越低。

2. 期限。贷款期限越长，优惠度越高。宽限期越长（即还款期越短），优惠度越高。提款期限越短，优惠度越高。

3. 利率。

4. 折现率。

二、优惠度一般影响因素分析

为便于分析，假设：

1. 贷款一次性提取，即$n_0 = 0$；

2. 管理费、承诺费不收取，即$F_1 = F_j = 0$；

3. 贷款一次还清，即$n_1 = n$，$n_2 = 0$；

则有：

$NPV = PV_1 - PV_2$，$PV_1 = M$；

$$PV_2 = \frac{M}{(1+r)^n} + \sum_{i=1}^{n} \frac{M \cdot I}{(1+r)^i}$$

$$= \frac{M}{(1+r)^n} + \frac{M \cdot I}{r}\left[1 - \frac{1}{(1+r)^n}\right]$$

$$NPV = M - M \cdot \frac{I}{r} + \frac{M}{(1+r)^n}\left(\frac{I}{r} - 1\right)$$

$$= M\left[1 - \frac{1}{(1+r)^n}\right]\left(1 - \frac{I}{r}\right)$$

$$GE = \frac{NPV}{PV_1} = \frac{NPV}{M} = \left[1 - \frac{1}{(1+r)^n}\right]\left(1 - \frac{I}{r}\right)$$

由上述公式，可明确看出：

1. 贷款期限与优惠度正相关，即期限越长，优惠度越高；

2. 贷款利率与优惠度负相关，即利率越高，优惠度越低；

3. 折现率与优惠度正相关，所采用的折现率越高，优惠度越高。

利用弹性系数，对三个影响因素对优惠度影响程度进行计算：

$$\text{弹性系数 } T(x)=\frac{\frac{g'(x)}{g(x)}}{\frac{1}{x}}=\frac{x\cdot g'(x)}{g(x)}$$

1. 贷款利率对优惠度弹性系数

$$T(I)=\frac{I\cdot GE'(I)}{GE(I)}=\frac{I\cdot\left[1-\frac{1}{(1+r)^n}\right]\left(-\frac{1}{r}\right)}{\left[1-\frac{1}{(1+r)^n}\right]\left(1-\frac{I}{r}\right)}=\frac{I}{I-r}$$

因为 $r>I$，有 $T(I)<0$，绝对值是大于1还是小于1，不确定。

2. 贷款期限对优惠度弹性系数

$$T(n)=\frac{n\cdot GE'(n)}{GE(n)}=\frac{-\left(1-\frac{I}{r}\right)\frac{1}{(1+r)^n}\ln(1+r)\cdot n}{\left[1-\frac{1}{(1+r)^n}\right]\left(1-\frac{I}{r}\right)}$$

$$=\frac{n\cdot\ln(1+r)}{(1+r)^n-1}$$

$T(n)>0$，但绝对值小于1。

3. 折现率对优惠度弹性系数

$$T(r)=\frac{r\cdot GE'(r)}{GE(r)}$$

$$=\frac{r\left[\frac{n}{(1+r)^{n+1}}\left(1-\frac{I}{r}\right)+\left(1-\frac{1}{(1+r)^n}\right)\cdot\frac{1}{r^2}\right]}{\left[1-\frac{1}{(1+r)^n}\right]\left(1-\frac{I}{r}\right)}$$

$$=\frac{r\cdot n}{(1+r)[(1+r)^n-1]}+\frac{1}{r\left(1-\frac{I}{r}\right)}$$

$$=\frac{r\cdot n}{(1+r)[(1+r)^n-1]}+\frac{1}{r-I}$$

$T(r)>0$，且绝对值远大于1。

由上可以看出，贷款期限、利率和折现率三个因素中，折现率选择对优惠度影响最大，贷款期限对优惠度的影响和利率对优惠度影响哪个更大不确定，但贷款利率与折现率差距越小，对优惠度影响就越大，甚至弹性系数会大于1，即当贷款利率比较高时，降低利率对提高优惠度的作用相当明显。

三、几点启示

1. 进出口银行管理费是一次性收取的，IMF的管理费与利息都是按贷款余额一定比例分次收取的。如果简单套用IMF公式，会大大降低“两优”贷款优惠度。鉴于进出口银行收取的管理费占整体还款额的比重较低，在用IMF公式计算优惠度时可忽略不计，并给外方解释清楚。

2. 优惠度与费率、利率、期限、提款次数、还款次数、宽限期、折现率选择等因素有关，与贷款金额大小无关。

3. 期限对优惠度的正影响和利率对优惠度的负影响，哪个更大，结论是不确定的：

（1）当所选择的折现率比较高时，贷款利率对优惠度的负影响比较小；当所选择的折现率比较低时，贷款利率对优惠度的负影响比较大。

（2）当所选择的折现率比较高时，贷款期限对优惠度的正影响比较小；当所选择的折现率比较低时，贷款期限对优惠度的正影响比较大。

4. 由于折现率对优惠度的弹性系数远大于1，因此，计算优惠度时，选择什么样的折现率至关重要。IMF公式中，人民币折现率低于美元，这对计算优惠贷款的折现率是不利的。进出口银行应积极研究我行自己针对优惠贷款的优惠度计算公式。

5. 优惠度受多种因素的影响，而影响因素本身又是变化的，影响因素对优惠度弹性又是变化的，因此优惠度是一个变化的概念。同时，优惠度还是相对的概念。根据非洲国家金融市场实际的高融资成本考虑，我们所有贷款都是很优惠的。

6. 中国自身也是发展中国家，中国只能对发展中国家提供力所能及的帮助。因此，让中国完全按 IMF 要求提供优惠度足够的、金额巨大的优惠贷款是不现实。只要所支持的项目经济效益好，能够覆盖财务成本，贷款利率高一些也是可以的，关键是项目早日建成，使非洲国家和人民早日受益。

关于 PPP 项目融资模式与“两优”贷款结合的几点思考

在当前全球经济发展放缓的背景下，以国家财政为基础开展公共基础设施建设的压力与日俱增。作为吸引私人资本参与基础设施建设和减轻国家财政负担的有效方式，PPP 模式在全球范围内风起云涌，发展势头十分强劲。

“两优”贷款（援外优惠贷款和优惠出口买方信贷）是我国政府给予发展中国家政府并指定中国进出口银行承办的带有援助性质的贷款，主要用于支持发展中国家公共基础设施建设和资源能源开发领域项目。通过 PPP 模式与“两优”贷款有机结合，创新业务发展思路，推动实现项目投融资结合和建设运营一体，对加快推进“一带一路”和周边互联互通基础设施建设，促进借款国经济的长远可持续发展意义重大。

一、PPP 模式的内涵及其局限性

PPP 模式（Public Private Partnership），即公私合营模式，是指政府部门通过与私营部门建立合作伙伴关系，提供公共产品或服务的一种方式。这是在公共基础设施建设中兴起的一种新型的项目运作模式，也是一种完整的融资模式，最早于 1992 年兴起于英国，目前广泛应用于基础设施领域项目。

PPP 模式的核心要义主要包括以下三个方面：①引进私人投资，实现公共投资主体多元化，增加项目资本金数量，弥补财政资金不足；②利用私营管理的高效率优势，解决公共管理的低效率问题；③提高公共基础设施服务质量和数量，解决公共产品的供给不足。上述核心要义三位一体，把私营部门的资金、高效管理、技术经验与政府部门的规划协调能力、社会责任相结合，通过各方共享收益、共担风险和社会责任，不仅获得了比预期单独行动更为有利的效果，还能够在一定程度上减轻政府财政压力和风险，实现双赢或多赢，同时使总收益最大化，达到帕累托效应最优，也更符合公共基础设施建设的宗旨。

基于共赢的理念，PPP 模式实现了政府部门与私营部门的合作，在公共基础设施建设中得以迅速推广应用。但 PPP 模式仍存在一定的局限性。这些局限性若得不到妥善解决，势必影响 PPP 模式的成功运作。

第一，由于 PPP 项目开发建设所需资金普遍较大，私营部门或项目公司通常使用大量商业贷款等成本较高的市场筹资，再加上私人投资回报率要求较高，往往导致产品价格相应提高，增加公众消费公共产品的成本，不利于充分发挥其公共产品属性。私人投资的首要目的是实现经济收益最大化，而政府部门的使命是尽可能提供质优价廉的产品服务，使公众利益最大化。因此，私人投资逐利性与公共产品福利性之间存在矛盾。

第二，私人资本对负债存在风险厌恶。例如，上市公司贷款，往往使得公司负债增加和资产负债率提高等基本面变化，可能导致上市公司财务风险上升和股价走低。部分企业对外大额投资需要董事会审批，决策程序较为复杂。因此，尽管适度负债能够通过财务杠杆效应提高整体获利能力，但面临 PPP 项目大额融资需求的情况下，私人资本对过度负债有一定程度的风险厌恶。

二、“两优”贷款支持PPP项目的优势分析

（一）“两优”贷款支持PPP项目存在内在合理性

“两优”贷款通常以项目为基础，以借款国政府或授权机构作为借款人，以借款国的国家信用和未来财政收入作为还款保证，向其提供条件优惠的资金，用于支持借款国最急需建设且对经济长远发展有促进作用的基础设施领域项目和资源能源开发项目等，从而满足借款国广大民众对公共产品服务的需求。“两优”贷款与项目融资有内在的一致性。而PPP模式是项目融资的一种实现形式，即以具体项目为主体，项目所在国政府持有一定股份，项目公司负责筹集融资。因此，“两优”贷款与PPP模式具备相互契合、相辅相成、共同发展的潜在基础。对于符合中国进出口银行“两优”贷款支持方向和国别政策导向的PPP项目，可积极考虑对项目所在国的政府部门或国有企业负责筹资部分提供“两优”贷款融资。

（二）提供低成本资金，保障公共产品的低价属性

PPP项目产品的公共属性客观要求其售价应相对较低，以尽可能惠及更多民众。相较于普通商业贷款而言，“两优”贷款资金利率较低、期限较长，从根本上降低了PPP项目融资成本和偿还压力，从而为提供更低价格的公共产品服务奠定了良好基础，可以充分发挥公共产品的福利属性。

（三）有利于实质减轻借款国政府财政负担

由于受国际货币基金组织（IMF）举债限制，部分发展中国家

或最不发达国家政府不愿举借“两优”贷款，或对使用“两优”贷款存在种种限制，不利于推进大型基础设施项目建设。通过“两优”贷款与PPP模式相结合，借款国政府仅作为名义上的借款人，实际上PPP项目效益作为偿还贷款来源，财政只承担最终还款责任，能够实质减轻政府财政还款负担，有助于说服借款国政府提高举债意愿和积极性，从而更好更快地推进和落实大型合作项目建设。

（四）有效克服PPP模式内在局限，实现扬长避短

正如前文所述，私人投资逐利性与公共产品福利性之间存在矛盾，束缚了PPP模式运作优势的充分发挥。“两优”贷款与PPP模式的有机结合，通过降低整体融资成本，增加了项目直接收益，从而在一定程度上克服PPP模式自身缺陷，实现既引进私人资本、技术经验和高效管理，满足私人资本的预期回报，又能够为社会提供更加充足和更优质量的低价公共产品，有效满足公共产品的广覆盖和高福利属性，为社会和公众提供更好的产品和服务。

（五）促使政府部门深度参与，促进项目顺利执行

项目所在国政府的深度参与和高效协调，是保障项目顺利建设和运营的必要条件。在“两优”贷款融资支持下，PPP项目所在国政府作为借款人，通常把项目运营收益作为贷款直接还款来源，把政府未来财政收入作为还款担保。因此，政府部门拥有强烈的利益动机，势必深入参与项目设计、建设、运营和监督环节，甚至提供财政、税收等优惠政策措施，有力地推动和协调项目运转中可能出现的问题，全方位保障项目顺利建设和投入运营。

（六）更易于建立还款机制，防范风险

建立还款机制的目的，是确保项目运营收益直接用于偿还“两

优”贷款，也是推动借款国政府债务可持续发展的有效手段，具体涉及项目转贷协议、监管协议、抵质押协议、“照付不议”协议等系列协议签署实施，实际执行较为复杂和困难。但借款国政府为了尽可能减轻财政还款负担和落实PPP项目运营收益直接还款，通常会积极协调和协助推动建立还款保障机制，实现对项目运营收益的有效监管和控制，防范项目运营收益资金挪用风险，较好地保障各方利益。

（七）能够促成大型项目合作，扩大“两优”贷款影响

大型项目的建设规模庞大，对带动我国企业和技术标准“走出去”、促进双边政治经贸关系和改善项目所在国的国计民生有着深远和长期影响，已成为我国与各国务实合作的重要组成部分，也是中国进出口银行“两优”贷款融资支持的主流发展趋势。“两优”贷款积极配合国家政治外交需要，成功支持了一大批境外公路、铁路、港口、电站等大型基础设施合作项目，积累了较为丰富的业务经验和运作机制，与广大发展中国家政府建立了良好合作关系和有效沟通渠道，为大力支持PPP重大项目建设积累了宝贵经验并奠定了坚实基础。利用“两优”贷款支持PPP项目，可以扩大“两优”贷款的作用发挥和影响力，更好地满足政治外交需要。

三、模式、具体操作和主要风险点防范

在实践操作中，“两优”贷款支持PPP项目可选用多种模式，涉及一系列涵盖进出口银行、借款国政府部门、项目公司和代理行之间的项目融资、资金监管、权益划分、风险分担等内容的协议安排，具体运作机制和勾稽关系复杂，需采取有效措施防范相关风险。

（一）可选模式

1. 转贷模式

进出口银行与借款国财政部（或借款国政府授权的其他机构）签署“两优”贷款协议，并将财政收入作为第一还款来源；财政部与 PPP 项目业主或项目公司签署相关转贷协议。这是“两优”贷款使用最普遍的模式，也是最有利于维护进出口银行贷款资金安全的贷款方式。

2. 转投模式

进出口银行与借款国财政部（或借款国政府授权的其他机构）签署“两优”贷款协议；借款国财政部或委托项目业主使用上述贷款资金对 PPP 项目公司进行投资，并将投资分红作为“两优”贷款偿还的主要来源。因投资分红存在较大不确定性，“两优”贷款偿还缺乏稳定保障，还款风险较大。

3. 项目公司借款，主权担保

进出口银行与 PPP 项目公司签署“两优”贷款协议；借款国财政部仅对贷款提供主权担保。从实践效果看，该模式不利于充分调动财政还款积极性和树立责任意识，财政部常常以担保为由拒绝履行责任，存在实际执行困难。

4. 项目公司借款，政府承诺购买

进出口银行与 PPP 项目公司签署“两优”贷款协议；借款国政府部门与项目公司签署“照付不议”协议（take or pay），并将“照付不议”协议权益抵质押给进出口银行。该模式实质上属于商业运作方式，不利于借款国政府还款责任约束，对“两优”贷款未来偿还存在政府责任缺失。

综上，从保护“两优”贷款资金安全角度看，应优先选择使用转贷模式。该模式在非洲地区的一些 PPP 项目合作中已获得成功实践。

（二）具体操作

1. 首先，根据实际需要，确定上述融资模式之一。由有关各方商谈具体融资条件和商务价格安排，视具体情况签署“两优”贷款协议、转贷协议、“照付不议”协议、账户监管协议、抵质押协议、代理行协议、担保协议等，并严格按照协议履约。

2. 在进出口银行认可的当地代理行开立 PPP 项目收入账户、还款账户和运营账户等，落实还款保障机制，确保项目收益优先用于偿还进出口银行贷款。重点是加强项目现金流管控，将 PPP 项目收益全部存入收入账户，每年定期从中优先拨付铺底资金存入还款账户，用于偿还进出口银行贷款（铺底资金金额应不低于下期还本付息额）；按照进出口银行批准的项目运营年度预算，每年底从收入账户中提取下一年度预算资金存入运营账户，由代理行负责资金使用监管，确保专款专用。如项目公司当年实际运营支出超过年度预算金额 10% 以上，必须事先报送进出口银行审批同意方可继续从账户提取资金。

3. 在进出口银行贷后管理工作中，除了常规的项目建设运营情况、国别情况等重点检查内容外，还应加强对 PPP 项目还款保障账户使用情况和代理行监管落实情况的审查和监督工作，特别是关注还款账户铺底资金充裕程度和定期审核项目运营所需年度预算安排，切实做到项目收益优先用于偿还“两优”贷款。

（三）主要风险点防范

“两优”贷款支持 PPP 项目的主要风险点包括：国别风险、信用风险、市场风险、完工风险、金融风险等。

1. 国别风险防范

鉴于“两优”贷款通常是主权借款或主权担保，国别风险仍是首要风险。因此，应重点关注借款国政治经济局势发展变化情况，以及政府财政收支和外债变动情况，发现不利因素，及时采取有效应对措施。

2. 信用风险防范

PPP 项目通常涉及多元投资主体，项目公司治理结构复杂。为保障项目顺利建设和运转，应严格审核项目公司主要股东的资质、履约经验、经营管理能力及项目公司运转机制等，防范信用风险。

3. 市场风险防范

作为项目贷款偿还直接来源，PPP 项目运营收益情况通常受产品市场价格波动和行业供求变化的影响。因此，应密切关注项目产品市场行情，通过建立还款保障机制，从项目运营收益中优先锁定还款所需资金，防范市场风险影响。

4. 完工风险防范

由于 PPP 项目建设规模普遍较大，投资金额较高，建设周期较长，存在一定的完工风险。因此，应加强项目现场和非现场检查力度，要求项目公司制定合理的施工方案并严格实施，定期提供项目执行进展情况报告，加强施工组织管理和协调，保障项目保质保量按期完工。

5. 金融风险防范

金融风险主要体现为汇率风险。应要求项目公司采取应对措施锁定汇率，避免大的汇兑损失。

四、深度思考

第一，无论是“两优”贷款支持的PPP模式，还是其他常用的EPC（设计—采购—施工）、BOT（建设—运营—转让）、BOOT（建设—运营—拥有—转让）、SOT（提供设备—运营—转让）等项目运作模式，实质上都属于项目融资范畴，都可以与“两优”贷款相结合。

第二，对于政府项目，从EPC、SOT、BOT至PPP，政府投资份额从全额融资至部分融资或直接投资。这部分资金完全能够使用“两优”贷款融资。

第三，上述模式均能实现项目建设和运营、解决就业、增加税收、提供公共产品服务、投资分红等，具体运作基本同理，仅项目公司的财务组织模式存在不同。“两优”贷款完全能够与上述模式相互契合，推动实现投融资相结合和项目建设运营一体化，带动中资企业全面“走出去”，积极响应国家战略需要，加快落实“一带一路”和周边互联互通建设相关的重大基础设施合作项目。

乘“一带一路”东风
加快企业“走出去”步伐①

印度尼西亚（以下简称印尼）这个国家非常有特色，对中国来说战略地位也非常重要。印度尼西亚政府 2011 年有个庞大的规划，要建设许多电厂、港口、铁路、包括要建设海上高速公路，这些战略构想，和习主席提出的“一带一路”的战略构想是高度契合的。

一、“一带一路”及周边“互联互通”

（一）时代背景

习主席 2013 年 10 月份访问雅加达，提出了“海上丝绸之路”的战略构想；印度尼西亚是海上丝绸之路的重要支点国家。印度尼西亚要搞基础设施建设、要发展经济，进出口银行作为金融机构，服从和服务于国家政治外交需要、服从和服务于国家战略需要、服从和服务于支持企业“走出去”的战略需要，一定会全力耕耘，把这个市场做大。

（二）重大意义

“一带一路”战略构想怎么讲也不过分，有人讲“一带一路”

① 依据作者 2014 年 9 月 26 日在中国驻印度尼西亚使馆经商处的讲话整理而成。

战略构想与毛泽东“三个世界”划分的理论同等重要。“一带一路”是中国的重大战略，为什么？

1. 经济方面

从几个方面来讲，第一个方面，“一带一路”沿线国家跟中国的经济联系十分密切。从外贸进出口总额来讲，近10年以来，中国平均外贸进出口总额的增长速度是12%，中国跟这“一带一路”沿线64个国家外贸进出口总额的平均增长速度是16%。中国这些年来的对外投资，对这些国家的增长速度是46%，很多国家接受的外国投资，中国都是第一；“一带一路”的这64个国家当中，人口44亿，占全球总人口的63%。所以中国跟这些国家的经济密不可分，这些国家的市场潜力十分巨大。同时，中国要增强自己的话语权和影响力，必须要跟这些国家紧密地结合起来。

第二方面，“海上丝绸之路”对中国战略大通道的建设至关重要。我们现在的石油对外依存度是65%左右，其中进口的石油70%是靠海上运输，70%中的80%是通过马六甲海峡。所以我们对这些“海上丝绸之路”沿线国家的港口建设非常重视，因为港口的战略地位很重要。

第三方面，改革开放要有新动力，要有时机，要有切入点。我国改革开放的前30年年均GDP增长9.6%，顺利地实现了第一步战略目标。下一步中国又要全面改革开放，建设完善的社会主义市场经济体制，市场在资源配置中起决定性作用。下一步“一带一路”为全面改革开放提供新动力，注入生机和活力。

2. 政治外交方面

中国目前面临的国际形势异常复杂。中国的发展一日千里，未来世界的中心在亚洲，因为中国在亚洲。

亚洲是中心，怎么把亚洲国家关系搞好，做到密不可分，就要相互依托，变成一个利益共同体、命运共同体，衢地要固其结。这就是“一带一路”和周边“互联互通”的重大意义。如果周边的关系都搞不好，中国的基本条件都不具备，怎么崛起？

（三）印尼潜力巨大，周边商机无限

印尼市场潜力巨大，基础设施建设落后，但人口众多，地域广大，战略地位重要，中国又有充裕的资金，中资企业建设施工能力强，因此商机无限。印尼搞多个大项目理论上都没有问题，关键谋划还款问题。用战略的眼光看，企业从政治上、从外交上、从战略上来看问题，可能看得更清楚些。中巴经济走廊、蒙中印缅经济走廊，都属于周边“互联互通”，与“一带一路”紧密相联，都有很多大项目要建设。

二、非洲“三网一化”

非洲有几个国家也属于“一带一路”沿线国家，非洲的“三网一化”与“一带一路”紧密相联。高速公路、高速铁路、区域航空，这里面隐含了一些小的网络建设，比如说港口网络的建设。非洲是一个大岛，又有好几个小岛，还有通讯的“互联互通”，没有通讯的“互联互通”是不彻底的。甚至你名义上通了，实际上也通不起来。没有电力也通不了，电力化铁路才有前途，搞燃气，速度也上不来，所以电很重要，这都为企业带来了非常大的商机。

三、主要工作思路

（一）总体规划，分步实施，重点推动

无论是“一带一路”，“三网一化”还是“互联互通”，都要总

体规划，分步实施，重点推动。

习主席提出“一带一路”的重大战略构想，高举合作共赢的旗帜，可以实现互利共赢、打造命运共同体，国务院也提出了一套完整的行动计划。

分步实施，65个国家同步“互联互通”不太可能。所有项目同步实施不可能实现，一定要分步实施。

还有就是要重点推动。符合重点的项目应具备以下条件：第一，符合国家战略要求；第二，项目相对成熟；第三，资金渠道比较畅通。这个项目要建了，资金从哪里来。设计规划都搞好了，资金没有落实，项目还是做不成。因此，项目成熟了，尤其是资金落实了，就可以实施了。

（二）政府为主导，企业为主体，市场化运作，金融支持

企业为主体非常重要，李克强总理多次强调一定要用市场的手段来解决问题。为什么？只有市场化运作才能为大部分国家所广泛接受，因为“一带一路”沿线的大部分国家都实行市场经济体制；第二，只有市场化运作才是最有活力的；第三，只有市场化运作，运作成功了，才能最持久、可持续。蒙内铁路，政府主导、市场化运作，中国交通建设股份有限公司建设。“一桥飞架南北，天堑变通途”。480公里铁路，百年圆一梦，一路富七国。

（三）投资融资结合，建设运营一体

投资融资结合，建设和运营一体，是下一步企业海外展业的方向，企业不要总盯着搞EPC（工程总承包）。主张投资，是外国人希望企业投资，不是银行一定要企业投资。只有企业投一部分钱，外国人才信任你，才有可能拿到运营权；拿到运营权，银行也就放心了。

四、企业“走出去”正当其时

（一）“走出去”与百年梦想

企业走出去正当其时，我们两个100年的梦想，建国100年、建党100年。2021年是建党100年，2049年是建国100年，两个100年的奋斗目标，没有企业“走出去”，这个奋斗目标是不可能实现的。

（二）“走出去”与“一带一路”、“三网一化”

“走出去”和“一带一路”、“三网一化”一定要紧密结合起来，“一带一路”为企业“走出去”创造了无限的商机和活力。企业的战略一定要跟国家战略紧密地结合在一起，而不要搞成两张皮，没有国家的支持，企业走出去困难重重。

（三）金融支持

进出口银行是国际经济合作银行，支持“一带一路”是进出口银行义不容辞的责任，并为此专门成立了工作组、协调小组。

五、“两优”贷款业务发展的几个问题

（一）优贷和优买的主要区别

“两优”贷款跟一般商业贷款有很大的区别，“两优”贷款体现的是国家意志，在运作的过程中是政府对政府，体现的是政府的意

志，那么，“两优”贷款本身，一个优贷一个优买也有区别，大体在贷款币种、签不签框架、融资是100%还是85%就这几个方面区别，贷款条件差不多。

（二）规模和优惠度

“两优”贷款的总体规模是越来越大，并且增速很快。很多国家以政府名义向外举债受优惠度的限制，不能以政府的名义对外举债影响了“两优”业务的发展，很多国家都不借贷。现在政府有关部门正在研究制定方案。我在跟别人谈判的时候，经常这样讲，优惠度问题你们很关心，IMF也有这个要求，但这不是一个核心问题，如果这个项目很重要，因为优惠度问题你就不贷款，然后这个项目就上不了，损失会很大。时间就是金钱，货币是有时间价值的，这是第一。第二，如果这个项目效益很好，利润率20%，贷款利率6%又怎么了，项目利润完全可以涵盖你的投资成本。我在非洲跟朋友会谈的时候，我还加了一句，IMF现在给你们减债，又要求你们不能借款。减债，免债都是应该的。为什么？因为当时上的项目就是他们的主意。现在还不了款了，当然应该给你减了、免了，不仅如此，还应该给你赔偿，因为他耽误了你发展的时机。昨天跟印尼财政部总司长会谈的时候，也谈到印尼发展的规模问题。我得到的信息是印尼非要让银行给个额度，先告诉额度，才能告诉我们项目。你们不告诉我额度，我哪知道你给我多少钱，我哪知道安排多少项目，安排什么项目啊？你非要额度我才告诉你项目，我说非要告诉项目才告诉你额度，这就成了鸡生蛋，蛋生鸡，死循环了。一定要有额度的话，我只能告诉你不要受额度限制。例如，有时候一年5亿美元的额度，那你6亿美元的项目怎么办啊？提供给你5亿美元的贷款，那你剩下的1亿呢？一个水电站发电机组不要了，只把大坝修起来？这个不行吧。反过来讲，我安排了5亿美元，你今年根本没有项目，怎么用？所以，根据项目推算额度，是有道理的。

（三）支持重点领域和项目

“两优”贷款支持的重点领域是什么领域？那一定是国家所关心的领域，国家应该通过政府财政资金建设以满足广大人民群众需求的项目，也就是它的需求范围广，不是仅满足个别人的需求。一定是广覆盖，因为财政资金，主要来源于公共税收。财政借款，是用未来的财政收入做担保或者质押，来获取政府的贷款。基础设施建设领域和资源能源开发领域，这两大领域是“两优”贷款支持的重点。

1. 为什么要支持有经济效益的项目

“两优”贷款所支持项目为什么要经济效益呢？项目有经济效益一般来说可以保证项目的可持续，可以增强项目的造血功能，而不是去抽财政的血。国家本来就穷，项目还去抽血，财政会不堪重负。项目可以造血，能增加税收、解决就业，有利于贷款的偿还。

2. 如何操作

印尼的外汇储备超千亿美元，历史上从来没有欠过款，人均GDP 5000美元，经济以比较高的速度在增长，所以可以相信印尼财政还款没问题。本身印尼的债务管理水平也比较高，也不会盲目借债，债务应该是可持续的。所以在印尼搞项目，跟在其他国家拿项目不太一样，没有经济效益的项目也要支持。对于有经济效益的项目，要保证三点：效益长期稳定，现金流稳定，换汇也无障碍。印尼换汇也无障碍，外汇这么多，外汇怎么会有障碍呢？但是，企业在签商务合同的时候，要特别地注意一点，就是汇率风险问题，看看这个国家的汇率变化还是蛮大的，有升值、有贬值，但是基本上是在贬值。所以，企业在印尼开拓项目的时候，特别注意汇率风险，尤其是当地采购的物资，用当地印币结算的时候。

（四）两个“LC”

“两优”贷款下，企业的资质要求、文件要求、重点支持领域、规定很多，总结起来就是两个“信用证”，就是两个“LC”——两个L，两个C.

两个L就是两封信。一个是外国政府的申贷函，体现的是外国政府的借贷意愿，愿意用政府的信用做保证，然后用进出口银行的贷款来支持这个项目态度。第二个是大使馆经商处的支持函，体现的是中国政府特命全权大使代表中国政府对这个项目的支持。所以这两个L体现的是“两优”贷款的特质：Government to Government。

两个C是指两个Capacity，一个是政府的举债能力，能借贷款，好借好还，再借不难，要么财政有钱，要么项目本身有效益，要么财政也有钱，项目本身也有效益。如果财政没钱，项目也没效益，那这样的项目一般来说银行不支持。第二个C，是中方执行企业的执行能力，在东盟和南亚这个市场上，市场相对规范，政府的监管力度比较大，监管的措施相对完备，所以企业在这些成熟的市场里面搞项目，千万要注意，要是赚不到钱就不干，要么就赔钱把它干好；否则，将来贻害无穷，一个企业自己得病，让其他企业一起吃药。

（五）“两优”贷款也是特殊买信与项目融资

“两优”贷款是一种特殊的买方信贷。不要总以为“两优”贷款就是政府借贷，是援助。它实际上是一种特殊的买方信贷。所以它完全可以跟一般的买信业务结合，技术金融手段都可以借鉴过来用，如果没有这样的手段，就财政对财政、财政借钱，财政还款，现在的很多项目都搞不成。另外“两优”贷款也是特殊的项目融资，因为“两优”贷款都是支持的具体项目，没有脱离项目的“两优”贷款。它总是跟具体项目结合起来。所以有些项目融资的项目，“两优”贷款完全可以支持。因为它本身就和项目融资有着天然的联系，有着天然的同质性。

1. EPC、PPP、BOT、BOOT

融资项目中有 EPC、PPP、BOT、BOOT，还有 SOT 模式。在这些模式中，“两优”贷款都可以结合。

PPP（Public Private Partnership）模式引进私人资本，引入私人资本的经营管理理念，能提高项目管理效益。引进私人资本的目的是要把政府没有能力解决的公共产品供应问题解决好。

项目融资下，项目公司作借款人。项目公司一般都很小，风险高。银行看来在风险可控的前提下，高风险，高收益。但提高利率，增加筹资成本，后果就是产品的价格提高，价低了，项目公司不可持续，所以政府只能把价格提高。比如一度电 5 角钱，使用 PPP 模式后，一度电可能就变成 1 元了。“羊毛出在羊身上”，财务费用增加了百姓负担，所以 PPP 模式存在这个问题。那如何解决这个问题？在一个竞争充分的金融市场，没有税收，信息完全对称，就是说这个市场完备得不能再进行帕累托改进。在这样的前提下，所有的资金成本都是一样的。也就是说，只要金融市场相对发达，什么钱都一样。只有政府贷款不一样，为什么？因为政府贷款不是金融市场的产物，government to government，提供低息贷款不是为了得到回报，而是为了两国关系，支持本国企业“走出去”。所以政府贷款是最好的贷款。无论是 PPP，还是 BOT，你引进资金的资金成本，从理论上说没有一个比政府贷款好。如何结合政府贷款的好处和私人资本的经营理念，提高效率，达到政府目的？由政府借钱，然后转贷给项目公司，用项目公司效益来还款。项目公司本身是合资公司，中资企业、外方政府、外方企业三方合资，当然最好是中资企业能够控股。可以算一下，对中国企业来说，建成100亿的项目，自己只投资了10亿，“两优”贷款解决90亿，整个筹资成本大幅下降。假设中方控股70%，那么收益的70%都归属于中资企业。政府也愿意，在定价时，政府可以要求价格定得低一点，可以兼顾民生。同时，政府的负担也没有增加，因为政府将债务转贷给项目公司了，用项目的效益来还款，政府只是承担最终还款责任——只有项目失败了，政府才承担最终还款责任。

项目做大，产品生产好的同时，又没有让政府背上债务，企业还赚钱，一举几得。应该坚定不移地推动这种模式，非洲已经做了好几个这样的项目，效果非常好，各方优势结合起来，发挥更大的作用。从目前项目融资的认知程度，这个模式是最好的结构。大家都知道公私合营，但是PPP如何和“两优”贷款结合起来？懂“两优”贷款的人就很少，能将二者结合起来的就更少，但是真理往往掌握在少数人手里，BOT、BOOT、SOT项目都可以按照这个思路来推。

2. 后付款与受托支付

后付款和受托支付，也是“两优”贷款的特点。受托支付就是受项目业主、借款国财政部的委托，由进出口银行向中资企业支付款项，企业施工，得到工程款，外方得到项目，长期负债增加；进出口银行放出了长期贷款，进出口银行的现金减少，长期贷款增加。

（六）批签放收行

“两优”贷款关键解决好五个字：“批、签、放、收、行”。批贷是基础，签约是关键，放款是核心，收款是保障，执行是根本。一定把项目质量放在最高位置，这也是把国家利益放在最高位置。外方借款，中方来做项目，中资企业把钱拿走了，留下了烂项目，你是两国关系友好的使者还是来增加负能量的呢？一定要把项目做好。百年大计，质量为本。

关于对非援助内生性的理论思考

随着中国对外援助规模的日益扩大，如何有效管理、科学评价、积极扩大援助效果显得日益重要。本文拟从援助内生性的角度探讨什么是有效的援助、如何实现援助效益的最大化。中国进出口银行优惠贷款（援外优惠贷款和优惠出口买方信贷）目前在中国对外援助体系中所占位置越来越重要，本文以优惠贷款为分析对象，就如何更加充分发挥优惠贷款在对非援助中的作用提供一些参考意见。

一、问题的提出

（一）提高援助的有效性是中国对外援助政策的根本要求

援助的有效性一般是指援助对受援国经济增长和人民福利起到的持续性的促进作用。援助可以通过提高受援国的资本积累，为受援国经济增长创造条件。但经济增长受到多种因素的影响，援助能在何种程度上达到有效，能否持续发挥促进经济增长、提升人民福利的作用存在诸多不确定因素。如借款国储蓄率、人口控制、劳动力水平等经济增长要素不能随着援助的增加而得以改善，则援助的效率将变得短期化，不会对受援国的经济增长和国民福利产生持久的影响。因此，有效的援助不应是单纯的财富转移行为，“授人以鱼，不如授人以渔”，使援助资金流向受援国急需发展的领域，并切实与受援国的实际情况结合起来，使援助“内生于”受援国的社会经济体内，才能使援助产生预期效果，实现受援国经济可持续发展的目的。

中国一直以来十分关注对外援助的有效性和内生性。1964 年 1 月，周恩来总理在同加纳总统会谈时，首次提出了中国对外援助的“八项原则”①。其基本精神是：平等互利，不干涉内政；切实帮助受援国提高自力更生的能力；力求使受援国真正受益；尽量减轻受援国的负担。改革开放以来，邓小平同志在“八项原则”基础上进一步指出“中国的对外援助是一笔不可缺少的战略支出，中国要拿出必要数量的援外资金，真正使受援国得到益处。”1983 年，中国提出了“平等互利，讲求实效，形式多样，共同发展”四项原则。中国尽己所能向发展中国家提供力所能及的援助，改善受援国的自我发展能力。

2010 年 9 月，胡锦涛主席在第五届亚太经合组织人力资源开发部长级会议上提出了“包容性增长”的概念。“包容性增长”内容广泛，是社会与经济协调、公平合理、可持续的经济增长，根本目的是让经济全球化和经济发展成果惠及广大发展中国家。

我国现阶段的对外援助正是通过援助内生性进而提高援助有效

---

① “八项原则”包括：①中国政府一贯根据平等互利的原则提供对外援助，从来不把这种援助看作是单方面的赐予，而认为援助是相互的；②中国政府在对外提供援助的时候，严格尊重受援国的主权，绝不附带任何条件，绝不要求任何特权；③中国政府以无息或低息贷款的方式提供经济援助，在需要的时候延长还款期限，以尽量减少受援国的负担；④中国政府对外提供援助的目的，不是造成受援国对中国的依赖，而是帮助受援国逐步走上自力更生、经济上独立发展的道路；⑤中国政府帮助受援国建设的项目，力求投资少、收效快，使受援国政府能够增加收入，积累资金；⑥中国政府提供自己所能生产的、质量最好的设备和物资，并且根据国际市场的价格议价。如果中国政府所提供的设备和物资不合乎商定的规格和质量，中国政府保证退换；⑦中国政府对外提供任何一种技术援助的时候，保证做到使受援国的人员充分掌握这种技术；⑧中国政府派到受援国帮助进行建设的专家，同受援国自己的专家享受同样的物质待遇，不容许有任何特殊要求和享受。

性，以帮助受援国提高经济发展水平和自主发展能力，分享全球化成果，实现与世界各国的共同发展。

（二）主要发达国家和国际金融组织对非援助的有效性并不明显

非洲自然资源丰富，但总体上非洲国家经济发展落后，经济结构不合理，许多国家依然以传统的农业经济为主，或者经济严重依赖初级产品出口。虽然西方国家长期援助非洲，但目前非洲有32个国家仍是重债穷国，电力、公路等基础设施条件差，储蓄率低，资金、技术、人才短缺，文化教育水平低，在国际经济分工体系中处于不利地位。西方国家虽然长期援助非洲，但并没有改变非洲贫穷落后的面貌，以“华盛顿共识”为代表的西方发展理念虽然频频高调出现，南北发展差距却是日益扩大。

非洲国家要实现经济起飞进入自主发展阶段，需要接受国际社会的援助解决发展的瓶颈问题，但为了实现可持续性的经济增长，对非援助更要关注援助的有效性问题，要将援助资金用在改善基础设施条件、提高劳动力素质、增加储蓄等经济增长要素上，以实现其经济自主发展能力。

（三）中国对非援助的有效性必须引起高度重视

1. 对非援助规模不断扩大。2006年中非合作论坛上中国提出援非“八项政策措施”，包括2006－2009年向非洲提供50亿美元优惠贷款，加强人员培训、债务减免等。上述优惠贷款受到了非洲国家的普遍欢迎，并于2009年上半年提前得到全部落实。2009年中非合作论坛第四届部长级会议上，中国提出向非洲国家提供100亿美元优惠性质贷款。

随着中国经济实力的不断壮大，对非援助规模也在快速增加。

优惠贷款的使用将不可避免地增加受援国的债务，如何能够将优惠贷款支持的项目有效促进受援国的经济发展和人民福利的提高是需要研究的重要课题。

2. 对非援助影响不断扩大。目前在多数非洲国家都能找到中国援建的标志性建筑，其中一些大型项目如坦赞铁路、毛里塔尼亚友谊港等已成为中非友好的重要象征。中国援非工作受到了国际社会的普遍欢迎和好评。联合国前秘书长潘基文表示，中国一直努力与所有非洲国家发展合作伙伴关系，这令人鼓舞。世界银行行长佐利克表示，在推动全球发展问题上，中国是世界银行重要的合作伙伴。

改革开放30年来，中国结合自己的国情，走出了一条具有中国特色的快速发展道路，越来越多的非洲国家希望中国进一步加大援助规模，并渴望学习中国的发展模式，实现经济的快速发展。

3. 对非援助环境不容乐观。西方国家长期以来将非洲作为原料供应地和产品市场，中国对非援助给非洲国家带来了新的资金来源，在一定程度上改变了非洲的政治、经济格局。西方国家便以“搭便车”、“新殖民主义”、“支持腐败”、“破坏环境”等言论歪曲中国不附带任何条件的真诚援助。世界银行、IMF等国际组织利用减债等技术手段加大对非洲国家的控制和影响，通过赠与成分等手段限制受援国举借我优惠贷款，给非洲国家与我合作制造障碍，使我对非援助面临的环境日益复杂。

二、对非援助内生性的基本理论

（一）援助内生性的基本含义

援助的内生性是指援助在受援国经济发展体系内部与其他因素

的相互影响，并与这些因素共同决定的经济发展性质。援助只有“内生于”受援国的实际情况和经济发展体内部，与受援国其他经济因素有机结合，并对其他因素产生持续的、正面的作用和影响，才能改善受援国的发展条件和发展能力，才能促进受援国最终走上经济自主发展的道路，从而最终减少对经济援助的依赖。因此，援助能否实现内生性，直接关系援助的有效性和援助的成败。

发展中国家的经济增长往往会受到诸如基础设施、国内储蓄、技术、人力资源等因素的制约。在经济起飞前，商业资金不愿意进入风险高、投资回收期长的项目，而财政资金则不足以解决经济发展的瓶颈问题。在财政资金不足的情况下，受援国可以借入利率低、期限长的援助资金，弥补财政资金不足，用于经济发展。另一方面，援助资金不仅能够带来资本的积累，而且通过提高受援国的生产技术、劳动者素质、管理水平，甚至理念的变化，进而才能长久地增加受援国的经济发展能力。

（二）援助内生性的哲学基础

马克思主义哲学认为，内因和外因在事物的发展中是同时存在、缺一不可的。内因是事物存在的基础，是一事物区别于他事物的内在本质，是事物运动的源泉和动力。外因是事物存在和发展的外部条件，它通过内因而作用于事物的存在和发展，加速或延缓事物的发展进程。简而言之，内因是事物变化的依据，外因是事物变化的条件，外因通过内因而起作用。

援助内生性正是体现了哲学中内因与外因的关系。援助作为促进受援国社会经济发展的外因，只有从受援国的实际情况出发，与促进受援国社会经济发展的内部因素有机结合，正面地、持续地作用于内部因素，最终促进内部因素的正面传递变化，改善经济社会发展的环境，实现受援国经济社会的可持续发展。

（三）援助内生性在对非援助工作中的重要意义

从中国接受外援的经验来看，中国利用外援不仅仅是借入资金，更重要的是伴随着资金流入和项目实施，引进了技术，引入了管理经验，推动观念更新和制度创新，促进了人力资源开发等方面。

提高对非援助的效率最根本的还是树立援助内生性理念，提高受援国的自主发展能力，通过适当的援助解决受援国经济发展的瓶颈问题，对其他促进经济增长的变量产生积极影响，以提高援助的有效性，增强受援国的自主发展能力，实现经济的良性发展，最终降低受援国对援助的依赖。

非洲国家普遍面临经济基础薄弱、国内资金匮乏、技术知识落后等问题，援助资金应该做到“好钢用在刀刃上”，支持受援国的关键行业、项目。同时，援助资金支持项目时，还要特别注重通过项目输出经验、传授技术，培养受援国的专业技术人才和管理人才，这样才能让受援国从项目中真正受益，提高当地就业水平和人才储备。另一方面，可以通过援助资金带动中国标准等“软实力”伴随着中国的理念、文化走出去，这不仅有利于中国企业进一步持续开拓非洲市场，而且有利于实现中国的长远战略意图。

三、落实对非援助内生性的一般原则

（一）援助要从受援国的实际情况出发

每个非洲国家都有各自的国情，并根据各自的国情制定了各不相同的经济与社会发展战略，确定了各自的优先发展领域。只有从受援国的国情出发，充分尊重受援国的发展道路选择，有针对性地制定发展援助战略与政策，听取受援国在援助合作中的意见和建议，认真分析受援国的文化背景、资源情况、人力资本情况、技术情况、管理水平、发展理念，使援助真正内生于受援国的社会经济发展实际，才能有效地发挥援助的职能，激发受援国经济发展的潜能。

（二）援助方法要更有计划性和连续性

非洲的经济发展需要在将来很长一段时间有持续的援助资金投入，因此优惠贷款工作需要有较强的计划性和政策连贯性。为了使优惠贷款取得更好的收益，需要深入研究借款国的经济发展和行业情况，与借款国制定 3－5 年项目需求滚动计划，配合国家安排 3－5 年援助计划，并逐年做好落实工作。

（三）把有偿援助的持续性放在重要地位

我国本着力所能及和互惠互利原则向非洲国家提供优惠贷款。目前中国仍然是一个发展中国家，经济转型面临诸多挑战，优惠贷款虽然条件优惠，但归根到底还是一种是有偿使用的资金，需要受援国根据贷款协议逐笔偿还。因此，向非洲国家提供优惠贷款，一方面需要中方做好援助可持续性的发展规划；另一方面也要从援助内生性的角度出发，重视受援国经济发展水平的提升，改善其债务偿还能力，在经济发展可持续的基础上，实现其债务可持续。

（四）不同类别援助资金合理搭配，提高资金使用效率

目前我国政府的对外援助资金包括无偿赠款、无息贷款和优惠贷款，各种援助资金应根据各自的特点和规模合理搭配，灵活设计受援国所需的援助结构和资本结构，共同服务于同一个目标，如无

偿贷款可以用于项目前期可行性研究的咨询论证，无息贷款和优惠贷款可以用于项目实施等。

根据非洲国家资源禀赋、经济发展水平、地区影响力等因素进行详细划别，分类推进。提高国别风险研判水平，根据国别风险程度，对优惠贷款实行限额管理。加强对优惠贷款国别风险的把控，可以借鉴类似授信额度管理的方式，根据受援国政治稳定性、经济总量、外汇储备、债务负担指标等情况，总量控制单一国别的贷款上限额度。

四、落实对非援助内生性的具体措施

（一）充分发挥代表处、经商处在援助规划中的作用，防止企业“倒逼”

发挥中国进出口银行代表处、商务部驻所在国经商处地处前方、工作便利的信息优势，以及与受援国共同制定援外发展规划、加强项目贷后管理中的作用，以便优惠贷款使用更加有的放矢、真正用于提高受援国自我发展能力的项目上。加强与受援国联系沟通，充分了解、尊重受援国的用款意愿，避免部分企业利用我行与受援国之间的信息不对称，不负责任地对外表态而造成“倒逼”，给我外交工作造成不良影响。

（二）提高援助的计划性，科学制定年度规划

在深入研究受援国的经济和行业发展的基础上，与政府有关部门制定国别援助规划。同时，通过加强与受援国政府的沟通，结合受援国中长期发展规划和重点发展领域，发掘储备项目，共同提高

援助的计划性。

（三）提高优惠贷款项目的针对性

在项目选择上，优惠贷款要兼顾受援国经济发展以及贷款风险等因素，重点支持对于受援国经济发展起到长期促进作用的基础设施项目，以及有经济效益的生产型项目，并且特别关注项目对于带动受援国就业、培训、提高技术水平等方面的带动作用，帮助受援国走上经济可持续发展之路。

（四）将人员培训等内容纳入项目概算

除了我国政府每年为发展中国家提供人员培训外，优惠贷款支持的项目不仅创造了当地就业，更重要的是为受援国政府及业主提供了大量的人员培训机会。实践表明，参与实施优惠贷款项目的技术、管理人员得益于项目本身的培训，在当地就业市场上可以谋得更好的职业发展。

为了进一步强化培训在项目实施中的重要地位，应该要求优惠贷款实施企业将与项目相关的人员培训内容明确纳入项目概算，并在商务合同中列明。同时，将人员培训情况作为项目贷后检查的重要组成部分加以管理和监督。

（五）提高中方企业的准入门槛，保证施工质量

优惠贷款项目受到中国与受援国政府的高度关注，项目执行好坏可能直接影响到双边关系，因此优惠贷款对于实施企业的选择有着更加严格的标准。为保证项目的实施，进出口银行在审查项目时，需严格审查执行企业资质，规范转包行为，关注中方派出员工的管理能力和人员素质、工人待遇和生活条件等，及时发现项目建设中

的问题。根据优惠贷款项目执行履约记录，建立实施企业的“黑名单”和“红名单”，对企业给予奖惩，建立不合格企业退出机制。

（六）加强项目执行情况的检查监督

对优惠贷款项目的执行情况及时进行贷时、贷后检查，定期检查项目施工进度和工程质量，随时监督项目进展情况，并细化贷后管理层次，保证项目按期保质完成。完善项目后评价体系。

经济发展影响因素对银行研判国别风险的启示

摘要： 随机选取29个发达国家和发展中国家1995~2010年相关数据，通过多变量面板回归方法，分析人均GDP与人均国土面积、受教育水平、研发投入、能源禀赋等因素的关系。在此基础上，结合银行业务特点，认为银行在信贷评审工作中要注重对一国经济发展影响因素的全面认识，提高对经济发展潜力研判的准确性。

关键词： 经济发展　国别风险　人均GDP　银行

人均GDP高低是体现一个国家或地区经济实力、发展水平和生活水准的综合指标，是人们了解和把握一个国家或地区宏观经济运行状况的有效工具。它不仅考虑了经济总量的大小，而且结合了人口数量的因素，在国际上被广泛用于评价和比较一个国家和地区经济发展水平。本文通过对相关数据的计量分析，从新的视角进一步探求人均GDP的影响因素，以期对银行的国别风险识别提供有益的启示。

一、问题的提出

随着中国企业"走出去"步伐的加快，具有涉外业务的银行，其境外贷款项目在本行贷款结构中的占比逐步提高，与此同时，涉及的国别风险问题亦愈加复杂。准确判断项目还款能力、预判所在国经济发展潜力、当地政府还款能力成为题中之义。以人均国土面积、人均能源禀赋、人均受教育水平及研发投入等为相关变量，研究并试图发掘人均 GDP 的影响因素，结合银行在国别风险识别中的实际考量加以分析，为银行开展项目评审工作提供借鉴。

二、实证分析

本文采用多变量面板回归方法，通过对不同国家在不同时期的经济变量进行回归分析，反映人均国土面积、教育水平等因素对该国人均 GDP 的影响程度，进而对于一国人均 GDP 增长的驱动因素有进一步认识。选取人均 GDP、人均国土面积、人均能源产量、国民受教育水平、人均研发投入、人均医疗投入及人均进出口额为变量；随机选取 29 个国家，其中既包括英国、加拿大、德国、法国等发达国家，也包括埃塞俄比亚、刚果（金）、塞内加尔、苏丹等发展中国家；数据截取时间跨度为 1995～2010 年。实证结果显示，在影响当期人均 GDP 的经济变量中，一国的人均国土面积对该国人均 GDP 并不会产生显著影响；其他经济变量对该国人均 GDP 存在显著影响。这就是说，人均 GDP 的影响因素中，属于自然条件中的国土面积并不能显著影响人均 GDP，而人均资源却有着最大的影响程度；属于人文条件的研发、医疗投入及教育对该国人均 GDP 有着显著的正向影响。

进一步分析，以本文选取的蒙古、刚果（金）及日本、德国 2010 年经济数据为例进行比较。蒙古及刚果（金）人均国土面积分别为 0.58 平方公里和 0.04 平方公里，在样本国家中位于前列，而日本及德国的人均国土面积分别为 0.003 平方公里及 0.004 平方公里，远低于蒙古及刚果（金）。但人均 GDP 方面，日本和德国分别以 42909 美元和 41723 美元的绝对优势领先于蒙古及刚果（金）的

2285美元和346.7美元。上述数据直观地表明，人均国土面积与人均GDP不存在明显的正向关系。

在国家能源方面，以2010年为例，刚果（金）的人均能源产出量为0.39吨油当量，而德国为人均1.62吨油当量。现代工业的发展对能源的依赖程度较高，在选取的样本国家中，人均能源禀赋较高的国家一般具有较高的人均GDP。人均能源禀赋对该国人均GDP具有显著的正向影响。

在教育及研发投入方面，仍以2010年为例，日本及德国的人均研发投入分别为1396美元及1170美元，远高于蒙古的人均6.48美元及刚果（金）人均不足1美元的研发投入，同时日、德两国的人均受教育水平均很高，同样领先于样本内其他国家，相关数据对其人均GDP的领先做出了一定的解释。这与舒尔茨和丹尼森的研究结果不谋而合，舒尔茨和丹尼森曾分别就美国教育对国民收入增长贡献率做出过研究，舒尔茨的计算结果是33%（1929~1957年），丹尼森的计算结果是20.6%（1929~1969年）。鉴于教育对经济发展的明显促进作用，20世纪60年代兴起的教育经济学提出了人力资本理论。该理论指出人力资本是通过对人的教育和智力的投资而形成的资本，或是体现在劳动者身上、以劳动者数量和质量表示的资本，它们通过教育和科学技术作用于生产力并推动经济的发展。人力资本理论将人的质量视为经济发展的主要因素，强调人口素质对经济发展的重要作用，同时也注重作为生产要素的人力资源的经济价值。

就教育投资对经济增长有促进作用而言，一般认为从近期来看，教育投资直接构成社会投资或消费的一部分直接影响经济增长，同时教育投资通过产业的关联性和乘数效应间接影响经济增长；从长期来看，教育投资作为一种人力资本投资，能大大提高劳动者素质，促进科学技术的进步，以此对经济增长产生巨大影响。Helms

(1985) 利用美国 48 个州 1965～1979 年数据回归发现，增加教育投资可以提高以个人收入表示的经济增长；Easterly 和 Rebelo (1993) 也发现公共教育投资与经济增长正相关；Boswort 和 Collins (1996) 估计了亚洲七国人均教育投资对人均产出增长的贡献份额，指出教育是东亚经济增长的重要源泉。

我国亦有不少学者应用人力资本理论来研究教育对经济增长的贡献。学者应用的数据和方法虽有所不同，得出的结论也略有差别，但均指出教育是促进经济发展的重要驱动因素。例如，余靖雯 (2012) 研究发现政府教育投入、非政府教育投入对经济增长的影响不显著，但教育质量与经济增长之间存在显著正相关关系。[①]

三、结论与启示

通过以上计量分析可以发现，一国人均 GDP 受多种因素影响，其中人均国土面积的影响效果不显著，但人均能源禀赋作用突出，“人”的因素也表现出对经济发展的正向作用。为此，在银行的信贷评审工作中要注意如下几方面：

（一）全面认识一国经济发展的影响因素

一方面，人均国土面积不能显著影响人均 GDP，经济发展需重视能源的有效利用。在涉及境外国别的信贷业务中，国土面积一般被视为一国经济实力的重要因素。实证分析表明，人均国土面积对于一国人均 GDP 无法产生显著性影响。另一方面，一国人均能源产量、研发及医疗投入、教育水平均对该国人均 GDP 有着较大的正向

---

① 余靖雯．政府教育投入、非政府教育投入和经济增长．浙江社会科学，2012 年第 6 期。

作用。在相关业务的开展及对某国还款实力的评估审查中，应进一步正确认识人均国土面积、资源禀赋及"人力"投入的代表意义，树立国土面积与该国人均 GDP、还款实力不存在显著性相关的风险意识，全面认识经济发展影响因素。

（二）重视资源禀赋，加大"人力"投入

实证分析表明，资源禀赋在国家的发展中扮演着至关重要的角色，但从模型所选取的变量中发现，以日本为例的资源贫瘠国家仍可获得较高的经济增长，这一方面得益于其较高的资源利用效率，另一方面则是通过利用境外的资源获得本国的发展。由此，在判断一国经济发展潜力时，不仅要研究该国具有的资源禀赋，同时要加强对其获得他国资源（例如境外投资）能力和效益的分析，更加全面准确地研究其资源的占有和利用能力。

另需要重点指出的是，增加教育投入有利于国民经济的发展。一国对于教育及研发的投入是以人为载体对本国经济发挥作用的，这种效用的发挥建立在长期机制的基础上。实证分析表明，一国对于教育及研发的投入将对其人均 GDP 产生显著的正向影响，且效果显著。政府在制定发展战略时，应充分认识到"经济增长→教育投入增加→人力资本提高→经济增长"这个内生循环传导机制，以及教育投资和经济增长两者之间的良性互动关系，在重视教育投资总量的同时，还要重视教育投资与经济增长相协调，避免教育经费随意被挤占，重视教育投资的结构、教育资源的优化配置和使用效率，重视长期效益，给予教育和研发更大的支持，适当调整投入结构，平衡长短期发展目标。

教育是对人的智力投资，增加教育投入可提高劳动力素质，从而对经济发展产生正面促进作用，因此要充分认识教育投入的意义，

准确把握教育投入的方式。穆勒曾指出教育是用来提高人类素质的东西，是消费者不能鉴别的商品，是市场经济社会中的一种特殊商品，最需要教育的人却不能很好地鉴别教化的价值，从原则上说，教育应该由政府向人民提供，自由放任原则一般不应用于教育，尤其是不应用于初等教育。凯恩斯也曾鼓励家庭增加教育投资，他研究的结论是，家庭教育投资的回报率达20倍之多。

良好的国民教育水平可为创新打下坚实的智力基础。通过教育，培养大量的创新和创业人才，激发创新思想，鼓励企业家精神，可为推动经济持续快速、健康发展提供新的人力引擎。可以说，创新是一个民族的灵魂，企业是创新的主体，企业家是创新的核心，企业家精神则是创新的源泉。目前创新、研发已成为一国或企业发展的重要推动因素，因此在考察国家和企业发展潜力时，不仅要研究其财政或财务等基本指标，还应将相关研发创新的投入水平及速度作为重要的考量因素。

（三）提高研判经济发展潜力的全面性及准确性

通过对人均教育水平和经济发展关系的研究表明，教育是形成人力资本的重要途径，加大对教育的投入，既可提高劳动者素质，又可对经济发展产生促进作用。建议在考察贷款项目所涉及的国别风险时，一方面可考虑增加人均教育及研发投入等参数指标，从人力资源的长期发展角度考察该国的经济发展潜力，进而更全面地把握推动其经济发现的关键要素；另一方面，可考虑进一步考察其资源禀赋及对于资源的开发利用能力和效率。人力资源和自然资源开发能力将在一定时期内为该国经济发展提供长期强劲动力，也为银行预测该国未来的经济水平，为更加准确研判借款国还款能力，进而降低还款风险提供判断依据。

国别风险研判十原则

一、国别风险

无论是对于在海外做项目的企业，还是金融机构来说，国别风险都是十分重要的。怎么看整个国家的国别风险，作为金融机构来讲，它有一整套的制度，也有很多的指标。本文将从哲学的角度来谈谈，如何正确地看待一个国家的国别风险。

讲到国别风险，首先要讲一下什么是风险，经济学上讲风险就是一种不确定性，也就是预期与实际的差，可能是实际收益大于预期收益，也可以是实际损失大于预期损失。但在日常经济活动中，一般指发生损失的可能性。那风险跟危险的区别是什么？风险作为一种不确定性，它的结果有可能好，也有可能坏，有可能高于预期，也有可能低于预期。比如说，某个项目效益有可能赚很多钱，也有可能赔很多钱。那危险是什么意思呢？危险也是一种不确定，但是它的结果都是坏的。比如说过马路闯红灯有危险，不能说有风险，因为闯红灯结果只要发生就是坏的。那么国别风险是指什么呢？它是指由于某一国或地区经济、政治、社会变化及事件，导致该国家或地区借款人或债务人没有能力或者拒绝偿还本行债务。

银行承担的国别风险类型主要包括：转移风险、主权风险、传染风险、货币风险、宏观经济风险、政治风险和间接国别风险等。

二、国别风险的重要性

走出去的企业主要业务发生在海外，所以对国别风险的研判是十分重要的。进出口银行主要信贷业务品种包括两优贷款（出口卖方信贷和出口买方信贷）、境外投资贷款等，所支持的项目所在地大部分在国外，与国别风险有分不开的关系。俗话说："皮之不存，毛将焉附？倾巢之下，焉有完卵？"看事情首先看大，由大到小看才能看清楚，那如果这个国家你都没看清楚，搞项目的话，完全是盲人骑瞎马，夜半临深池。所以无论是从项目的具体实施，到具体责任的履行都离不开国别风险研判。

《孙子兵法》对国别风险就非常地重视，书中主要研究解决一个问题，就是把别的国家消灭。但是在灭之前要先了解它，你不了解它便灭不了它。《孙子兵法》第一篇《计篇》的第一句话就是："兵者，国之大事，死生之地，存亡之道，不可不察也。"那么咱们的企业走出去呢，实际上也是到了"死生之地"。你到一个国家去搞业务，对于公司来说也是关乎存亡的大事。如果一个项目搞不好，这个公司可能就没了。某企业曾在波兰做一个高速公路项目，由于对波兰国家法律不清楚，对合同里的 Fidic 条款理解有误，导致最终损失巨大，并从此一蹶不振。

三、国别风险研判时碰到的主要问题

国别风险研判的时候，容易出一些问题。一是望文生义，不了解某一国的实际情况，只从材料中获取部分信息，牵强附会，做出不确切的解释。二是抓住一点，不及其余，对国别状况不能进行全面和深刻的研究分析 。三是就材料论材料，仅以现有国别材料分析国别风险，而不了解、掌握现实的状况和目前最新的情况。这些问题的后果就是刻舟求剑，瞎子摸象，得不出国别风险的结论或得出错误结论。要到一个国家去搞项目，如果没对这个国家研究透，那就先不要去，什么时候把它研究好了再去。第二次世界大战，希特勒在苏联战场折戟的原因也主要是在大军进入苏联前，没有对苏联的地形、气候等条件进行详细地了解和深入地分析。正所谓：不知己，不知彼，每战必殆。

四、国别风险研判十大原则

我是看了毛泽东主席的十大军事原则，总结出了国别风险研判十大原则。毛主席的十大军事原则，都是比较平实的语言。

（一）增强国别风险的预判性

国别风险的发生有一个过程，现在的风险是以往的因素发展到一定程度造成的，未来的风险由现在的原因经过一段时期的积累而爆发的。任何事物都是发展变化的，只有变是不变的。尤其是进出口银行贷款期限长，对国别风险变化进行趋势分析至关重要。因此一定要用发展的眼光看问题。企业在做项目的时候要不断地进行分析，找出规律性，增强预判性。有预判，才能先知先胜。所以说国别风险研判对降低贷款风险意义重大。《礼记·中庸》有云：“凡事预则立，不预则废。”早预判，早主动，才能制人而不制于人。在风险发生之前，早采取措施，保证贷款安全；若等到风险已经发生，再采取措施，也许就来不及了，甚至于事无补了。

苏丹是联合国公布的世界最不发达国家之一，经济结构单一，经济基础薄弱，工业落后，对自然环境及外援依赖性强。21世纪前十年，随着石油大量出口及借助高油价的拉动，苏丹经济保持快速增长，GDP增速连续多年保持在8%以上，经济繁荣，社会稳定，成为非洲经济发展最快的国家之一，综合国力显著提升。苏丹的油田75%以上都在南苏丹，但是根据苏丹北、南双方2005年1月9日签署的《全面和平协议》，苏丹南方于2011年1月9日就独立举行公投，这就存在一定的不确定性。南苏丹独立前，我到苏丹去调研，因为进出口银行在南苏丹独立前曾与苏丹签署30亿美元一揽子石油换贷款的项目，且已放款一部分，剩余的额度是否能执行完，需要我们进行实地的考察，根据相关情况做出研判。通过实地调研，还有跟当地经商处、新华社等相关人员的沟通联系，发现南苏丹届时独立的可能性很大。最后向总行汇报，在该国家的一揽子项目要慎重从事。果不其然，2011年1月9日公投结果为98.83%的选民支持南方独立，2011年7月9日，南苏丹共和国独立建国。苏丹领土减少，石油资源损失大半，2012年GDP增长-4.2%，外汇收入锐减，各项指标大幅恶化，经济和社会面临巨大挑战，政治风险、主权风险、安全风险加大，进出口银行贷款面临债项分配风险、偿债风险等。2013-2014年苏丹经济实现3%和2.5%的温和增长，各项指标好转，但多数指标未恢复至2011年南苏丹独立前总额。

目前，从中短期来看南北苏丹在边界划分、石油利益分配、债务分割、地区区域划分等重大问题上分歧严重，有关谈判进展缓慢，两国摩擦不断；受美国政府制裁的长期影响，苏丹外贸、外部融资及金融体系的发展缓慢；受南苏丹独立及国际油价暴跌的影响，经济指标大幅恶化；外债拖欠状况十分严重，未来偿债前景非常严峻。从长期来看苏丹政府大力推动经济改革，采取紧缩调控政策，推动“农业、矿业、加工、基建”的多元化可持续发展。拥有可耕地

5300万公顷，目前仅耕种1000万公顷；积极调动本国企业和大力引进外资开发矿产资源，苏丹拥有金、银、铁、铬、铜、锰等矿产资源，目前已发现金矿矿床150多个，探明铁矿储量12.5亿吨，铬矿储量1亿多吨；继续着力建设和完善水利、交通、电力等基础设施；发展加工制造业，提升自主生产能力。

苏丹2008－2014年主要经济指标 单位：亿美元

年份	2008	2009	2010	2011	2012	2013	2014
GDP	557	527	656	673	630	664	674
实际GDP增长率（%）	4.2	3.8	3.4	-3.8	-4.2	3.0	2.5
贸易差额	34.42	16.23	25.65	15.28	-40.56	-16.42	-17.77
商品出口	116.71	84.46	114.04	96.56	40.67	70.86	74.7
商品进口	-82.29	-68.23	-88.39	-81.28	-81.23	-87.28	-92.47
经常项目账户	-13.14	-27.52	-15.38	-11.68	-62.42	-44.81	-71.51
负债率（%）	61.9	67.8	58.5	59.9	68.5	66.6	69.6
偿债率（%）	14.7	18.4	29.7	34.4	67.7	—	—
债务率（%）	224.9	330	297.7	368.5	779.5	439.1	461.7

再以莫桑比克这个国家为例，该国家位于非洲东南部，是联合国宣布的世界最不发达国家和重债穷国。独立后因受连年内战、自然灾害等因素的影响，经济长期困难。但该国矿产资源丰富，有煤、铁、铜、金、钽、钛、铋、铝、石棉、大理石、石油和天然气等资源。莫桑比克煤蕴藏量超过100亿吨，钛600多万吨，钽矿储量居世界首位。两大创汇矿产是铝和煤炭。随着2015年一条新的通往Nacala港口的铁路投入运营，煤炭将成为莫第一大出口创汇产品。预计莫桑比克煤炭出口量将从2014年的630万吨增长至2018年的2200万吨，出口额将达到26亿美元。即便如此，受制于基础设施发展限制，莫桑比克煤炭出口远未达到其应有潜力。莫桑比克天然气资源丰富，2008年剩余可采储量为1274.27亿立方米，在非洲居第6

位。目前只能跨境管道出口给南非，预计2018年后天然气出口将为莫出口创汇提供更大的支持。莫桑比克是世界上重要的铌－钽生产国之一，铌产量占世界总产量的9.4%，钽铁矿储量约750万吨。莫桑比克是世界上重要的钛铁矿生产国之一。2008年钛铁矿储备量为1600万吨，占世界总量的2.4%，列世界第8位。钛矿主要分布在莫东部沿海地区，最重要的矿床之一是莫马矿床，矿石总储量预计超过6亿吨。莫桑比克宝石资源比较丰富，种类也较多，目前生产的宝石主要包括电气石、海蓝宝石、铯绿柱石、石榴子石和蓝线石。其中红宝石储量48万吨，占世界总量的1.1%。莫铝土矿产量不高，每年在1万吨上下，近两年由于能源供应不足产量降幅较大。虽然莫桑比克铝土矿产量不高，但却是一个原铝生产大国，仅次于南非，居世界第二位，预计2014－2018年莫桑比克铝年出口额平均在11亿美元左右。莫桑比克矿产资源丰富，但目前面临的主要问题是经济结构单一、经济对矿产及外需的依赖较大、基础设施不足。根据以上对莫桑比克国别情况的研判，建议重点支持对莫当地社会经济发展具有重大长远促进作用的农业、资源能源开发、电力、交通等领域的项目，在妥善做好风险缓释措施的前提下，支持有实力的中资企业稳步开拓这一具有较大发展潜力的市场。

（二）从经济、政治、历史、文化、宗教等多方面看待国别风险

以泰国为例，政治上，泰国不同于英国等其他君主立宪的国家，皇室只具有象征意义。在泰国，国王有掌控军队的最高权力，是国家的实际最高领导人，而总理只负责国家的行政事务，政府没有军事领导权。泰国近代历史上如果出现皇权和政府相违背的时候，军队就以效忠国王的名义，发动军事政变，推翻民选政府，甚至废除宪法。泰国政坛的政党分两类，一类是保守政党，以地方权势人物

为政治根基的中、小型掮客政党，代表党有自豪党、祖国党、春武里府力量党。运作模式：“恩主－仆从”庇护模式，利用当地权势人物的恩主地位，通过仆从“票头”拉票。另一类是新兴政党，以特定社会阶层为政治根基的大型政党，主要有为泰党、民主党和泰爱泰党（他信于1998年成立）。运作模式：“党魁－政客”庇护模式，较高威望的权势人物出任党魁，政客完全出于功利目的依附政党，所有行为以政治分肥为根本目标，并为新一轮选举储备资金。两种政党争权夺利引发政府频繁更迭，自90年代后没有一届政府能完成四年任期，最短的在任仅一年多，执政能力明显下降。自2006年“反他信”阵营的军事政变后，“挺他信”阵营红衫军和“反他信”阵营黄衫军之间的政治斗争从议会斗争演变为街头政治斗争。在以军事政变、司法判决、街头暴动等非常规政治手段的局面下，泰国政治动荡很可能将长期持续下去，总体看泰国政治风险较高。在泰国做项目，一定要跟军队搞好关系。

赞比亚位于非洲中南部的内陆，无出海口。东北邻坦桑尼亚，东面和马拉维接壤，东南和莫桑比克相连，南接津巴布韦、博茨瓦纳和纳米比亚，西面是安哥拉，北邻刚果（金）、坦桑尼亚，面积752612平方公里，人口1464万（2014年），2014年人口增长率约2.88%。历史上，在公元9世纪，先后建立过卢巴、隆达、卡洛洛和巴罗兹王国。1889－1900年，英国人罗得斯建立的“英国南非公司”逐渐控制了东部和东北部地区。1911年，英国合并上述两个地方，命名“北罗得西亚保护地”。1959年，北罗得西亚联合民族独立党成立，发动群众通过“积极的非暴力行动”争取民族独立。1964年10月24日正式宣布独立，定国名为赞比亚共和国。政治上，赞比亚实行立法、司法和行政三权分立的政治制度。赞比亚政治环境较稳定。1964年独立以来，未与邻国出现任何军事冲突。自1991

年实行多党民主制以来，历次大选均和平举行，未发生暴力事件，政权交接顺利。气候上，赞比亚属热带草原气候，温和凉爽，年均气温在18℃－20℃之间。全年分三季，5－8月为干凉季，气温在15℃－27℃，为大部分农作物收获季节；9－11月为干热季，气温26℃－36℃；12月－次年4月为温湿季，气温26.7℃－32.2℃，全年雨季集中在该季。宗教上，赞比亚宪法规定，赞比亚为基督教国家。全国大约30%的人信奉基督教和天主教，农村居民大多信奉原始宗教，亚洲居民多信奉印度教或伊斯兰教。赞比亚人讲究礼貌，注重礼仪，举止文明，言谈得体，热情好客，待人真诚。

2010－2014年赞比亚主要经济指标 单位：亿美元

年份	2010	2011	2012	2013	2014
GDP	202.64	240.34	250.53	269.67	278.04
实际GDP增长（%）	10.3	7.6	6.3	6.7	6.7
人均GDP（美元，PPP）	1535	1767	1777	1860	1817
预算财政收入	31.61	41.58	46.85	46.92	49.21
预算财政支出	36.68	45.90	53.61	66.61	69.23
经常项目账户	9.77	5.54	－1.90	－9.85	－4.53
负债率（%）	21.8	20.6	21.5	22.3	26.7
偿债率（%）	1.7	2.2	2.3	3.9	2.8
债务率（%）	56.8	54.4	54.2	54.6	59.1

（三）利用数据，但不唯数据

经济数据（GDP总量、人均GDP、财政收支状况、外汇储备、债务负担水平）对分析一个国家的国别风险非常重要，但国别风险形成的原因十分复杂。经济指标尽管对分析国别风险十分重要，却不是唯一因素。除经济指标外，其他的因素如政治、文化、经济、宗教信仰对一个国家的信誉的形成也十分重要，有些国家有钱也不一定还款，有些国家视信誉为生命，即使困难也想方设法还款。

塞舌尔是位于印度洋西南部的群岛国家，由 115 个大小岛屿组成。塞舌尔群岛分为 4 个密集的岛群：马埃岛及其周围的卫星岛、锡卢埃特岛和北岛、普拉斯兰岛、弗里吉特岛及其附近的礁屿。塞舌尔西距肯尼亚的蒙巴萨港 1593 公里，西南距马达加斯加 925 公里，南与毛里求斯隔海相望。国土总面积为 455.39 平方公里，人口 9.09 万人（2010 年），人口增长率为 0.99%。

塞舌尔国内政局较为稳定，近年来经济持续增长，物价和失业率也控制在合理的范围内。

2010－2014 年塞舌尔主要经济指标 单位：亿美元

年份	2010	2011	2012	2013	2014
GDP	9.7	10.6	10.3	14.4	15.7
实际 GDP 增长（%）	5.9	7.9	2.8	5.3	2.9
人均 GDP（美元，PPP）	19557	21351	22315	23.573	24606
经常项目账户	－2.14	－3.01	－2.93	－2.28	－2.97
商品出口	4	4.77	4.97	5.98	5.51
商品进口	－7.81	－9.15	－9.67	－10.24	－10.48
商品贸易差额	3.81	－4.38	－4.7	－4.26	－4.97

塞舍尔虽数据好看，但还款能力却较低，数据并没有反映真实情况。这背后的问题在于以下几点：①旅游业为经济第一支柱，创造七成以上的国内生产总值，造成经济对外部因素的脆弱性；②渔业构成经济另一支柱，鱼类产品位居出口商品首位，但近年捕捞减少；③粮食、生活用品和生产资料依赖进口，价格昂贵；④国家实行免费教育、医疗、终身保健制度等高福利政策；⑤近年来受国际粮油价高涨和金融危机影响，经济陷入严重危机，造成政府财政拮据，外汇短缺，外债偿还出现困难。

（四）注意随时、持续收集材料，连续地进行分析

要准确把握一个国家的风险，需要进行持续不断地认真分析，既要重视大事件，又要重视细微之处（魔鬼总藏于细微之处）。有时一件小事可能演变成一件大事。

孟加拉国位于南亚次大陆东北部的恒河和布拉马普特拉河冲击而成的三角洲，东、西、北三面与印度毗邻，东南与缅甸接壤，南濒孟加拉湾，孟加拉国面积 14.76 万平方公里，人口 1.6 亿。近年来，孟加拉国政局相对稳定，孟政府充分发挥政策优惠、市场潜力大、劳动力资源充足且价格低廉等优势，大力发展具有比较优势的纺织服装业等服务业，吸引外资，纺织、劳务输出不断上升，国民经济发展稳健快速增长。孟加拉国与全球 130 多个国家和地区有贸易关系，主要贸易伙伴有美国、英国、欧盟、中国、东盟、日本、韩国等。近年来，孟加拉国商品进出口均保持快速增长趋势。孟加拉国外汇来源主要有国际援助贷款、侨汇、外国直接投资等，近年外汇储备呈稳步增加趋势，汇率保持相对稳定，汇率风险较小。总体看来，孟加拉国对国际援助依赖程度较高，较易受国际市场商品价格波动的影响。

2010－2015 年孟加拉国主要经济指标 单位：亿美元

年份	2010	2011	2012	2013	2014	2015
GDP	1153	1286	1334	1500	1782	2022
实际 GDP 增长（%）	5.6	6.5	6.5	6.0	6.1	6.2
经常项目账户	11.68	3.81	32.17	23.66	23.17	18.25
商品出口	210.82	256.26	254.28	286.23	308.55	328.61
商品进口	279.70	339.97	319.38	349.96	370.95	393.95
商品贸易差额	－68.89	－83.70	－65.1	－63.73	－62.40	－65.35
外汇储备	111.78	85.10	120.31	175.64	217.85	222.01
汇率（塔卡/美元，年均）	69.6	74.2	81.9	78.1	77.6	78.0

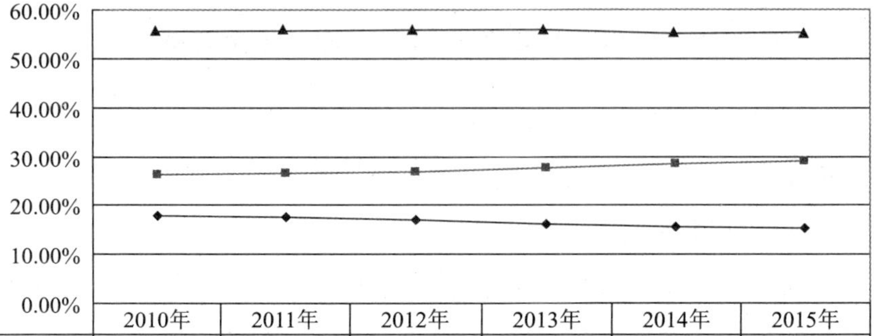

	2010年	2011年	2012年	2013年	2014年	2015年
农业/GDP	17.80%	17.70%	17.10%	16.30%	15.70%	15.30%
工业/GDP	26.10%	26.40%	26.70%	27.60%	28.60%	29.10%
服务业/GDP	55.10%	55.00%	55.00%	55.00%	55.00%	55.00%

孟加拉国 2010 年－2015 年农业、工业及服务业 GDP 占比

（按成本因素计算）

（五）特别注重文化传统、宗教信仰在国别风险分析中的作用

国别风险会对进出口银行信贷资产安全造成一定影响，但国别风险本身是各种因素综合影响的结果，其中既有经济因素，也有政治、军事、文化、宗教因素，有时非经济因素影响反而更大一些。

埃塞俄比亚，位于非洲东部，东与吉布提、索马里，西与苏丹接壤，南与肯尼亚，北与厄立特里亚交界 122.19 万平方公里，人口 9400 万（2013 年），人口增长率 2.6%。埃塞俄比亚是东非地区大国，有三千多年的文明史。埃塞俄比亚在近代史上是非洲没有被殖民过的两个国家之一，是第一个跻身于自由民族之林的非洲国家。当前，埃塞俄比亚是东非地区乃至整个非洲最重要的国家之一，其首都亚的斯亚贝巴号称“东非政治首都”，是非盟总部所在地，联合国非洲经济委员会、世界银行、国际货币资金组织等多家国际组织在此设有办事处。埃塞俄比亚约有 80 多个民族，其中奥罗莫族人占总人口的 40%，阿姆哈拉族占 30%。有 83 种语言和 200 多种方言。埃塞俄比亚人民十分友善，居民中 45% 信奉埃塞俄比亚正教（即东正教），40%－45%信奉伊斯兰教，5%信奉新教，其余信奉原始宗教。每逢周日和宗教节日到教堂做礼拜。

2010－2014年埃塞俄比亚主要经济指标　　单位：亿美元

年份	2010	2011	2012	2013	2014
GDP	263	299	416	412	426
实际GDP增长（%）	9.9	7.3	8.5	7.1	6.7
人均GDP（美元，PPP）	967	1031	1109	1176	1247
经常项目账户	－4.25	－7.83	－29.85	－40.36	－47.37
负债率（%）	27.9	28.7	25.1	30.3	33.3
偿债率（%）	3.7	5.6	6.5	6.9	7.5
债务率（%）	147.0	135.8	157.9	164.3	171.0

2015年3月EIU国别风险评级结果显示，埃塞俄比亚主权风险CCC，货币风险B，银行业风险CCC，政治风险CC，经济结构风险CCC，综合评级CCC，属较高风险等级。但在以下方面相对较好：世界银行发布的《2014年营商环境报告》显示，埃塞俄比亚在189个国家或地区中排名第125位；非洲发展银行公布的全球竞争力排名显示，埃塞俄比亚在全球144个国家中，排名第121位；根据透明国际2013年全球清廉指数，埃塞俄比亚在177个国家中排名第111位；埃塞俄比亚国内治安良好，社会稳定，是非洲犯罪率最低的国家之一。

近年来，埃塞俄比亚局势较为稳定，政治、经济形势均有所改善，但外汇储备水平较低，财政、经常账户均为赤字，通胀压力较大，高度依赖对外援助，债务负担较为沉重，外汇储备水平较低，存在较大的风险。但是随着中国与埃塞两国在政治、经济、文化领域联系不断紧密，双方贸易额逐年增长，经贸合作不断取得新成果。埃塞俄比亚政府也比较廉洁，偿还贷款历史良好。

（六）注意法律环境、人员素质在国别分析中的突出作用

对于一个国家、企业、家庭乃至个人，没有什么比教育更重要。本人曾经根据多国数据做过一个研究，教育经费支出、研发投入、医疗卫生投入三者均与人均 GDP 增长高度相关。

毛里求斯位于西南印度洋，距非洲大陆东海岸约 2200 公里，面积 2040 平方公里（包括属岛），本岛面积 1865 平方公里，人口 129.15 万（2012 年 7 月），人口增长率约 0.4%。从教育方面来说，毛里求斯承袭英国教育体制，中、小学学制分别为 6 年。实行中、小学免费教育，是发展中国家中人口受教育程度较高的国家之一。30 岁以下的人口受教育率为 95%。1997 年起，开始实行 9 年制义务教育，力争将中学入学率提高到 95%。截至 2012 年底，毛里求斯共有：学前教育学校 1031 所，在校生 3.35 万人；小学 312 所，在校生 11.36 万人；中学 178 所，在校生 11.56 万人；职业学校 121 所，在校生 7000 余人。毛里求斯实行中小学免费教育，学龄前教育和高等教育由政府补贴，在各个阶段的教育普及率均明显高于地区平均水平。2013 年毛里求斯政府用于教育的支出为 135.84 亿卢比，约合 4.52 亿美元，占政府总支出的 13%。在世界经济论坛 2011 - 2012 年“全球竞争力排名”中，毛里求斯位居 142 个经济体中的第 54 位，在非洲国家中仅次于突尼斯和南非。从法律方面来说，首先毛里求斯司法独立，最高法院是全国最高司法机关，不受立法和行政机关干涉。社会较为廉洁，执法人员腐败程度低，大多能做到依法办事。其次，毛里求斯法律制度健全，具有规范的市场经济法律环境。毛里求斯与贸易相关的主要法律有《消费者保护法案》、《海关法案》、《关税法案》、《合法度量衡法案》、《工业产权法案》、《专利、工业设计和商标法案》、《药物法案》、《竞争法案》、《中小企业法》、《就

业权利法》等，法律体系较为完善。

科特迪瓦位于非洲西部，西与利比里亚和几内亚交界，北与马里和布基纳法索为邻，东与加纳相连，南濒几内亚湾，占地322463.00平方公里，拥有人口2110万（2013年），人口年增长率为3%。该国沿用法国教育体制，初等教育6年，中等教育分两个阶段共7年，高等教育3至4年。科特迪瓦政府重视教育事业。2008年度全国教育、培训投入约为11.24亿美元，占国家预算的17.5%。2012年小学入学率60.8%。

2010－2014年科特迪瓦主要经济指标 单位：亿美元

年份	2010	2011	2012	2013	2014
GDP	229.21	240.74	246.80	285.72	315.70
实际GDP增长（%）	2.4	-4.7	9.5	8.2	7.6
人均GDP（美元，PPP）	1938	1842	2006	2153	2302
经常项目账户	4.65	31.28	-3.22	-11.66	-16.06
负债率（%）	50.3	54.2	40.0	36.6	36.0
偿债率（%）	5.8	5.1	9.9	10.4	10.3
债务率（%）	87.5	90.8	72.9	70.7	70.9

由于有较丰富的人才储备，政府发展愿望迫切，科特迪瓦未来发展潜力巨大。

（七）用发展的眼光看问题

偿债能力分析，不仅要分析存量，还要分析增量。对有关数据，尤其是经济数据，既要看存量，也要重增量，更要看趋势，趋势更加重要。有些国家人均GDP不高，外汇储备有限，但增长迅速又可持续，经济发展基本面比较健康，未来前景比较好，国别风险由高至低，反之亦然。国家负债水平也是如此。

负债率、偿债率、债务率这三个指标，对我们进行国别风险分析很重要，但是现在不好不代表未来不好，现在很好不代表未来很好。以柬埔寨为例，大家都觉得柬埔寨这个国家不错，实际风险有点大，债务集中度越来越高，债务负担水平越来越重。据我们根据相关数据推算，预计在2020年左右，柬埔寨对进出口银行的债务就将达到其GDP的7%。

2010－2014年柬埔寨主要经济指标

年份	2010	2011	2012	2013	2014
GDP（亿美元）	112.42	128.3	140.38	162.35	177.62
GDP实际增长（%）	6.0	7.1	7.3	7.5	7.2
人均GDP（美元）	2465	2646	2837	3037	3248
年均通货膨胀率（%）	4.0	5.5	2.9	2.9	4.2
经常账户余额（亿美元）	－4.10	－4.75	－10.38	－16.07	－17.9
外债余额（亿美元）	38.52	44.3	57.16	65.62	73.77
外汇储备（亿美元）	32.55	34.5	42.67	45.16	52.81
负债率（%）	34.3	34.5	40.7	40.4	41.5
债务率（%）	62.6	55.5	62.5	63.2	66.7
偿债率（%）	1.0	1.1	1.4	1.6	2.1

2002－2014年柬埔寨外债指标 单位：百万美元

年份	2002	2003	2004	2005	2006	2007	2008
外债总额	2900	3139	3377	3547	3527	3761	323
短期外债	217	221	264	299	209	224	323
私人部门中长期外债	0	0	0	0	0	0	0
公共部门中长期外债	2587	2814	3016	3166	3318	3537	3892
年份	2009	2010	2011	2012	2013	2014	
外债总额	4364	4432	4793	5716	6562	7357	
短期外债	265	307	378	1038	1079	1149	
私人部门中长期外债	0	0	0	0	30	30	
公共部门中长期外债	4099	4125	4415	4549	5324	6055	

单位：百万美元

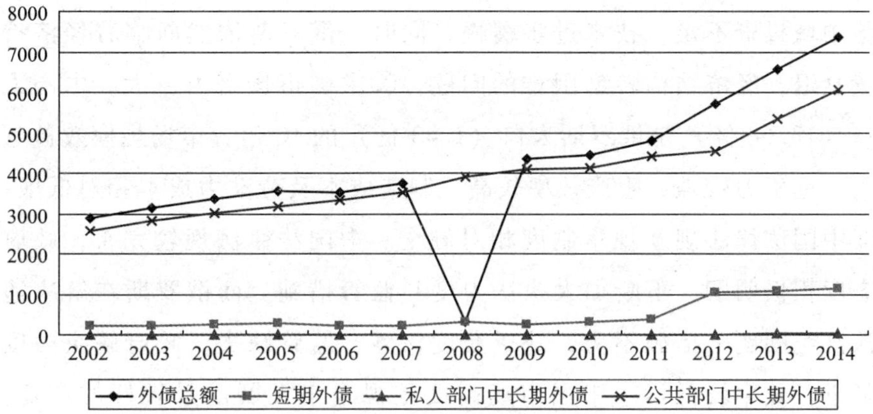

2002－2014 年柬埔寨外债指标趋势图

2002－2014 年柬埔寨外债规模持续扩大，从 29 亿美元增至约 73 亿美元，尤其是 2008 年之后增长较快。主要是由于柬埔寨政府用于经济发展、基础设施开发、弥补财政赤字的资金主要依赖国际经济援助。2014 年外债总额预计超过 73 亿美元，负债率达 41.5%，高于国际警戒线水平。

目前，柬埔寨政府继续采取扩张性的财政政策以发展经济，预计未来外债规模还将继续增加，但政府对每年举债额度实行较为严格的控制，每年新增外债一般不超过 6 亿美元，同时经济发展态势良好。从外债结构来看，短期债务占比小，偿债率远低于国际警戒线水平，外汇储备相对充裕，短期偿债压力相对较小。

（八）注意进行比较分析，国别风险高低是相对的

中国与俄罗斯哪一个国家更具优势？哪一个国别风险更低？答案当然是中国。主要有以下几个原因：①中国经济可持续发展。中国在社会主义制度的框架下建设市场经济，市场经济依靠投资、能源及技术进步稳步实现多元可持续发展。而俄罗斯经济以强大的资

源作后盾，经济高度依赖能源出口，经济增长模式单一发展，对其他领域投资不足，技术进步缓慢，同时，俄罗斯依然面临着经济持续衰退，经济结构转型困难的问题。②中国市场潜力巨大。中国人口（13.68亿）是俄罗斯人口（1.43亿）的10倍，市场规模效益巨大，竞争力较强，生产效率较高，制造成本及劳动力成本相对低廉。③中国法律法规及规章制度相对健全。中国法律法规较完善，政府态度积极明朗，不断加大执法力度与监管措施。而俄罗斯在解决违法乱纪问题上措施不力，缺乏制度保障，监管缺失，政府解决力度低下，效率较低。④中国市场高度重视未来发展前景较好的产业。中国加快推进重大创新发展工程，重视并鼓励发展前景看好的产业，例如信息消费、电子商务、电子产品、节能环保、新一代信息技术、新能源、新材料以及其他行业；俄罗斯主要产业以石油等自然资源、机器制造和金属加工为主，行业单一，发展较慢，对新兴产业重视程度较低。⑤中国市场相对稳定。中国政局相对稳定，寻求同西方进行平等的战略合作关系，保持自身市场经济和贸易优势。俄面临复杂的国际经济形势与挑战，与美国等西方国家关系紧张，2014年克里米亚加入俄罗斯，西方对俄罗斯进行经济制裁，导致卢布持续贬值，汇率持续疲软，油价急剧下降，对俄社会稳定及经济发展产生严重负面影响。

（九）不同国别风险要从不同维度去看待，抓住特定国家影响国别风险的关键因素

安哥拉位于非洲西南部，海岸线长1650公里。南连纳米比亚，地处刚果（金）和刚果（布）之间，面积124.66万平方公里，人口2150万（2013年），人口增长率为3.1%。其石油、天然气、矿产资源、森林资源及水产丰富。截至2014年，安哥拉已探明石油可采储

量超过131亿桶，是撒哈拉以南第二产油国。2012年原油产量175万桶/日，2013年原油产量为171万桶/日；天然气储量达7万亿立方米。安哥拉的主要矿产有钻石、铁、磷酸盐、铜、锰、铅、黄金等。钻石是安第二大矿产资源，总储量约3.7亿克拉，其中50%属于宝石级钻石。2013年原钻产量833万克拉，2014年安钻石产量超过1000万克拉，比2013年提高25%，目前是世界第五大钻石生产国。铁矿储量17亿吨，锰矿储量1亿吨，磷酸盐矿储量2亿吨。森林面积5300万公顷，森林覆盖率35%，是非洲第二大林业资源国，出产乌木、非洲白檀木、紫檀木等名贵木材；水力、农牧渔业资源较丰富。水资源潜力1400亿立方米，水力发电量占全国总发电量的75%，其余来自火力发电。安哥拉近几年经济保持较快增长，宏观经济风险较小，但经济和财政过度依赖石油收入，石油收入占安GDP的2/3，占财政收入的1/3。石油成本、石油产量或国际石油价格的小规模变动都将对宏观经济产生重大影响。总体看，安哥拉经济缺乏多元化，抗外部波动水平弱。

2010－2014年安哥拉主要经济指标 单位：亿美元

年份	2010	2011	2012	2013	2014
GDP	824.71	1041.16	1141.47	1343.43	1495.98
实际GDP增长（%）	3.4	3.9	6.8	3.6	5
人均GDP（美元，PPP）	6477	6567	6744	7109	7251
经常项目账户	75.06	130.85	138.51	69.89	64.01
负债率（%）	23	20.3	19.4	16.7	15.3
偿债率（%）	4.5	4.2	5.9	6.9	7.4
债务率（%）	36.8	30.9	30.7	32.8	30.7

肯尼亚位于非洲东部，地跨赤道，东与索马里为邻，北与埃塞俄比亚、南苏丹共和国接壤，西与乌干达交界，南与坦桑尼亚相连。

东南濒临印度洋，系东非地区性大国，政治稳定，宏观经济运行平稳，战略位置重要，风景优美，首都内罗毕素有“非洲小巴黎”之称，也是东非第一大经济体。肯尼亚实行以私营经济为主体的“混合经济”体制，私营经济占比达70%。农业是国民经济支柱产业和第一大创汇行业，农产品出口约占出口总额的70%，茶叶、园艺产品（蔬菜、花卉）和咖啡（2013年，出口额分别为12.17亿美元、9.7亿美元和1.9亿美元，约占出口总值的40.6%）是三大创汇农产品，但肯粮食自给率较低，需要大量进口。另外，肯尼亚的旅游业较发达，是第二大创汇行业，2013年境外游客150万人次，旅游收入约11亿美元。对于该国家，一定要注意其国家的安全局势。

尼日尔位于撒哈拉沙漠南缘，是西非内陆国家。尼日尔农牧林等第一产业是尼日尔最重要的经济部门，2013年产值27.6亿美元，占GDP的38.9%，全国80%以上的居民从事农业；工业基础薄弱，2013年工业产值17.3亿美元，占GDP的24.4%。尼日尔自然资源丰富，已探明铀储量30万吨，约占世界总储量的11%，居世界第五位；磷酸盐储量12.54亿吨，居世界第四位，尚未开发；煤储量4400万吨；还有锡、铁、石膏、石油、黄金等矿藏。所以矿产资源能否顺利开采对该国风险的研判至关重要。

索马里20多年无政府状态和战乱冲突，安全局势紧张。经济千疮百孔，工农业生产和基础设施遭到严重破坏，经济全面崩溃。但实际上，其地理位置优越，“非洲之角”的重要国家之一，海岸线3200公里。政府最大的收入来源为海关税收，约占85%左右，大部分来源于Berbera港。畜牧业为索马里主要经济支柱，产值约占GDP的43%，畜牧产品出口收入占到出口总收入的60%以上。索马里“青年党”是一个与“基地”组织有关的宗教极端组织，对该国以及周边国家安全形势构成威胁。该国的风险高低与否，主要在于其安全局势。

（十）不同项目对国别风险的依赖程度不同

国别风险对海外项目均有一定程度的影响。但不同项目，国别风险影响程度不同。有些项目可能不是主权借款或担保，对项目贷款的偿还也许影响不大。比如说工程类项目的履约及运营对所在国建设运营条件及安全形势依赖大；而船舶类项目的建造及运营对造船国、航道、航线等依赖更大。主权借款项目、科学的还款保障机制及其落实可有效防范财政实力弱、主权风险高，导致的还款风险。下面我们就以津巴布韦瀑布机场项目和马里糖联项目为例。

津巴布韦位于非洲东南部，属于内陆高原国，国土面积约 39.1 万平方公里，人口为 1310 万。该国存在以下主要问题：①民盟和民革运两大政党各自代表不同的国内外利益集团，政治经济政策方针迥异，矛盾难以调和；总统穆加贝已 90 岁高龄，继任者人选不明，未来政局走向存在一定不确定性。②欧美对津巴布韦实施的制裁一直未彻底解除，津巴布韦获得的外国投资及援助非常有限。③基础设施落后，经济表现不佳，复苏进程仍较为缓慢，宏观经济风险较高。④津巴布韦财政收入增长缓慢，财政赤字较高，债务负担沉重，且存在拖欠问题，主权风险较高。

2010－2014 年津巴布韦主要经济指标 单位：亿美元

年份	2010	2011	2012	2013	2014
名义 GDP	16	20	23	25	27
实际 GDP 增长（%）	6.9	5.9	3.1	2.2	3.2
人均 GDP（美元）	167	179	186	192	201
通胀率（%）	3	3.5	3.8	1.7	1.5
国际储备	7.34	6.6	5.76	4.37	4.48

续表

年份	2010	2011	2012	2013	2014
经常项目账户	-9.71	-5.23	-4.16	-5.76	-10.31
外债总额	5863	6494	7713	8072	8305
负债率（%）	357.2	321.2	342.2	322.9	302.2
偿债率（%）	无数据				
债务率（%）	225.2	189.6	202.9	222.5	221.5
国际储备/外债（%）	12.5	10.2	7.5	5.4	5.4
预算财政余额/GDP	-4.7	-4.1	-3.9	-4.4	-4.6

瀑布国际机场位于津巴布韦著名旅游城市瀑布市，为改善旅游基础设施条件，吸引更多的游客和投资者，津巴布韦政府申请使用进出口银行优惠贷款对该机场进行改扩建，合同金额约合10.25亿元人民币。进出口银行向该项目提供10.25亿元优惠贷款，要求津方将瀑布机场收益和首都哈拉雷机场的旅客服务费纳入还款来源，同时津巴布韦财政部的还款责任不受任何影响。瀑布机场2010年营业收入约284万美元，哈拉雷机场2010年旅客服务费收入达1800万美元。上述两项收入合计金额高于本笔贷款每年还本付息额（高峰期8883万人民币）。

马里位于非洲西部撒哈拉沙漠南缘，为内陆国，国土面积124万平方公里，人口1680万。该国的存在主要问题如下：①政局不稳，北方安全局势脆弱，军费开支巨大；②经济基础薄弱，产业结构较不合理，基础设施毁损严重，财政预算管理不严，宏观经济风险较高；③对外援依赖严重，外债负担呈加重趋势，且由于发生利用预算外资金购买总统专机和军火事件，受到国际组织的临时制裁。

2010－2014 年马里主要经济指标 单位：亿美元

年份	2010	2011	2012	2013	2014
GDP	94	107	104	102	124
实际 GDP 增长（%）	5.8	2.7	－0.4	1.7	6.5
人均 GDP（美元）	614	677	638	607	714
通胀率（%）	1.1	2.9	5.4	－0.6	2.1
经常项目账户	－11.9	－6.57	－1.87	－4.32	－5.77
外汇储备	13.44	13.79	13.41	13.06	—
汇率（西非法郎/美元）	0.0022	0.002	0.0019	0.002	0.0021
外债总额	6.16	6.8	5.35	—	—
负偿率	24.3	28.1	29.9	29	—
偿债率	2.2	3.8	3	3	—
债务率	—	82.9	75.6	74.5	—
国际储备/外债（%）	59.1	49.8	—	—	—
预算财政余额/GDP	－2.7	－3.7	－2.1	－2.3	—

马里糖联为中国轻工业对外经济技术合作公司和马里政府合资的股份制企业，双方分别占股 60% 和 40%，是中国企业“走出去”以合资模式建设的农工商一体的综合企业。进出口银行于 1998 年和 2007 年分别向工业技术改造和糖厂项目（分为工业制糖部分和农业种植部分）提供贷款。据测算，项目经济效益较好。马里财政部代表马政府借款，马里财政部与新糖联公司签署转贷协议。目前，项目建设及运营正常，还款正常，其中工业技术改造项目已结清。

可以说这十大原则核心的要义，就是一切从实际出发，实事求是，具体国家具体分析，具体项目具体分析，并且要用发展的眼光看问题。这就是其所包含的哲学意义。

企业如何开拓国际承包工程市场

一、事在人为

前段时间跟同事合写了一篇文章，研究29个国家经济发展水平到底跟什么因素有关？为什么有些国家那么富，人均GDP一万多美元；有些国家人均GDP只有几百美元，是什么原因造成的？29个国家的基础数据，用数学模型拟合样本，研究的结论是这样的：在95%的知性区间内，我们选择的变量可以95%解释我们的结论，准确性还是比较高的。最重要的一个影响因素就是一个国家对资源禀赋的掌握能力，而不是拥有能力。有些国家石油资源很丰富，都被人家控制了。比如说赤道几内亚，石油资源都被美国控制；有些国家没有资源，但是在人家的油田上开采，销售时，首先卖给自己的国家，在海外建立庞大的石油基地，能源基地。第二，就是研发能力，研发投入；第三，入学率；第四，医院千人床位数。一个国家经济发展水平跟人均国土面积没有关系。非洲这么多国家，相当一部分非洲国家人均国土面积比亚洲高得多，却很贫穷。日本、新加坡、荷兰，人均国土面积很小，人均GDP都很高。人的因素是经济发展水平的决定因素。

（一）加强培训

一个企业要发展，最主要的就是人。提高人的素质，除了自我学习以外。要不断地培训，培训要坚持问题导向。要解决问题。首先知道问题在哪，迫切需要用什么来武装头脑。要找到问题，找到症结之所在。

第二，要理论联系实际。空洞地谈理论用处不大，不要空谈。

第三，培训内容要与时俱进。

第四，培训内容要延伸到项目上。不仅要给自己的员工培训，还要给外方员工培训。要把培训的费用列入项目中。真正通过一个项目，培养一支队伍，同时也给项目所在国家培养一支队伍。真正做到授人以鱼，又授人以渔。项目价格宁愿高一点，用以加大培训的力度，帮助外方的员工提高水平，甚至可以建一个与项目相关的培训学校。建一条铁路可以建一个配套的铁路学校。非洲这个地方，最主要的就是人的问题。一个项目，建好后能不能运营好，能不能持续地发挥作用。事在人为。因此关键在于人的素质，素质怎么提高，要靠培训。

（二）设立地区中心

优秀人才总是少数，好的总是少的。人才还能不缺吗？总是缺的。你要做的就是以一当十，好钢用在刀刃上，当然要不断地培养，不断地使用，不断地成长，这是一方面；另外一个方面就是充分发挥优秀人才的作用。除了一般的从激励机制上调动积极性，还有从组织架构的设计上多想办法。我建议设立中心区，覆盖周边国家。比如，在肯尼亚设立中心，辐射东非七国。一个中心主任，管七个国家业务。比如好的班主任可以管三个班，同时搞三个副主任，三个副主任具体主管三个班。中心区选一个主任，再选七个副主任。让一个主任出思想，出方略，解决关键问题。

（三）要组成项目团队，技术、融资、法律组成一个小团队，靠前指挥

由多方面优秀人才组成一个团队，一切以客户需求为导向。用

什么样的组织架构关键在于客户需要什么样的组织架构。好组织架构应该是应对及时准确、反应快速高效。市场有什么需求，很快地提出解决方案来。法律出了问题，融资出了问题，没有人搞明白，项目就会花落他家。

一定要快速反应，抓住商机，要好钢用在刀刃上，把最优秀的人才配置在一起，今天搞定这个项目，明天再搞定那个项目，前方团队紧盯，一有项目信息，最优秀的团队项目组马上上去，几天就搞出方案——很精细方案不可能很快规划出来，但是总可以制订出一个思路。当别的企业还在混混沌沌的时候，已经占领了制高点。有时候占领一个山头，就可以决定一场战役，了不得。

华为的任总有一句话：让听得见炮声的人决策。也是这个道理，把这个组织架构要化小，要灵活机动，充分地授权。谁拥有信息，谁就拥有真理。你不拥有信息，再聪明的人他也拥有不了真理。谁拥有信息，谁拥有真理，就让谁说了算。

二、要突出企业特色：人无我有，人有我强，人强我特，人特我优

企业最厉害的是什么，有何绝招？我能不能把最厉害的方面发挥到极致，把自己的特色充分突出出来，突出你的特色，人想不到的你想到，别人做不到的我做到。比如：修一条输水管线，业主没有维修队伍，能不能帮人家培训一支队伍。再比如：别人不愿意投资，我投一部分资。别人不愿意运营，我来帮你运营。我帮你们来收水费，通过合适的方法，保证水费收缴率95%以上。这些都是可以搞出特色的地方。

三、要对国别进行深入的研究

要深入，认真分析，不要浅尝辄止，知其然，还要知其所以然，在此基础上寻找事物发展的规律性。我做“两优”业务时，提出一切从对非“两优”业务实际出发，实事求是。到了亚洲也是一样，一切从亚洲“两优”业务实际出发，实事求是，开拓新项目也要贯彻实事求是的指导思想。印尼商机在哪里？有没有规律可言？为什么别人可以拿下大项目？为什么人家执行很顺利？为什么人家的配套资金就先到位了？为什么有些公司能够推动对方财政提供担保，让电力公司发债来付财政应付的预付款呢？为什么人家 9000 多万美元预付一次支付到位，你却做不到呢？

四、研究新情况，解决新问题，特别注重国别风险分析

对国别风险研究时容易犯三个错误：一是望文生义，不了解某一国的实际情况，只从材料中获取部分信息，牵强附会，做出不确切的判断。二是抓住一点，不及其余：对国别状况不能进行全面和深刻的研究分析。三是就材料论材料，仅以既有国别材料分析国别风险，而不了解、掌握现实的状况和目前鲜活的情况。容易造成以下严重后果：刻舟求剑，瞎子摸象。盲人骑瞎马，夜半临深池。得不出国别风险的结论或得出错误结论。

五、小国别、穷国别也能做大项目

“两优”贷款都是投放到发展中国家，其中重债穷国和最不发达

的国家比较多，这些国家的财政实力较弱，财政赤字严重。在这些国家能用“两优”贷款做大项目吗？

（一）敢于做大项目

1. 大项目，影响大，政府重视，协调起来比较方便。

2. 项目大未必风险高。

3. 项目大银行容易完成信贷任务。

4. 大项目企业赚钱多。

5. 要集中精力，开拓有经济效益的大项目：项目不怕大，就怕效益差。

怎么搞大项目？小国别，穷国别财政还款能力本来就弱，怎么还款？蒙内铁路480公里，38亿美元，进出口银行提供了16亿美元的优买，加20.2亿美元的商贷，肯尼亚只投入1.8亿美元。这个项目对这个国家很重要。显然对中国也很重要，我们铁路要走出去。双方政府都很重视。最大的问题就是还款。还款只靠财政肯定不够，外汇储备才50多亿美元，财政赤字相当严重，负债率、债务率、偿债率三类指标超了两类。靠财政还不了。那还不了靠什么？靠项目本身的效益。项目自身的效益取决于运价和运量，运价可以政府定价，那运量呢？谁来保证运量，这是一个核心问题。运量怎么保证？由有能力的有关方保证，谁来保证这个运量？蒙巴萨港压港严重，货物运不出来。堆在这儿，船在海上漂三个月。蒙巴萨港有没有利润？一年6000万美元，在非洲相当高了，并且是货物拉不出的前提下。那就由蒙巴萨港保证运量，采用 Take or pay（照付不议）模式，最后融资方案就是这样确定的。

（二）善于做影响力大的项目

要做影响力大的项目，就必须做到如下几点：

1. 协同作战，形成合力；
2. 融资是关键；
3. 特别符合两国政策导向。

（三）做大项目既要注重细节，抓好落实

特别要注意做好以下具体工作：

1. 设计方案；
2. 商务合同签署；
3. 融资方案谈判与确定；
4. 施工方案；
5. 监理。

案例应用：吉布提多功能码头

吉布提国土面积小人口少，但是他的战略地位十分重要。背靠庞大的埃塞，埃塞唯一的出海口就是吉布提，只能用吉布提码头，扼守红海，红海又连着地中海，中间是苏伊士运河，红海这边就是亚丁湾，印度洋。不仅经济地位重要，军事地位也很重要。我们国家对吉布提港口也非常重视。困难是国家小，项目大，吉布提外汇储备只有5亿美元，财政赤字率超过5%，三类指标全部超标。并且最少的超过50%，最多的超过200%多。但是正是其战略地位重要，多功能码头需求巨大，货物运输量大，多功能码头，效益会很好。

1. 项目特点

（1）国家小，项目大；

（2）项目属于基础设施领域；

（3）使用期限长，处于垄断（埃塞只能用这个码头）半垄断

地位；

（4）市场需求大，潜力大，不囿于一国使用；

（5）战略位置重要；

（6）配套设施完善（吉埃铁路，已建成通车）；

（7）中方投资、建设、运营。

2. 风险控制措施

（1）深入研究，对国家和未来的市场需求做出充分科学分析；

（2）项目建设条件与配套设施研判；

（3）采用转贷模式，项目本身效益是贷款偿还的主要来源；

（4）控制好现金流是控制风险关键所在；

（5）贷款条件设置要精细化，需充分利用金融手段、技术，控制好风险。

3. 几点启示

（1）小国别可以做大项目；

（2）项目的用途，即市场需求状况是评价项目好坏的基础；

（3）两优与商贷结合，以解决“两优”规模不足问题；

（4）中方投资、运营，可以提高项目成功率，有效缓解贷款风险；

（5）项目本身是否有长期稳定的经济效益是贷款提供与否的根本标准；

（6）控制好项目现金流，保证其优先用于贷款偿还是项目融资方案设计的关键所在；

（7）政治外交需要与贷款的足额按时偿还，统一于具体项目的投资、建设、运营之中。

六、优先推动有经济效益的项目

在项目的选择上，优先推动工业等资源能源开发，基础设施等项目，特别是有经济效益的项目，也就是效益长期稳定、现金流可控、换汇无障碍的项目。

第一，项目效益长期稳定，银行最关心的不是这个项目效益有多好，银行最关心的是这个项目效益不好时到底有多差，最差的时候能差到什么程度。能不能还款。最好的时候跟银行没关系，跟投资者的回报率有关系。

这就是债权和投资的关系。银行更关心这个项目能不能持久。

第二，现金流可控，现金流是还款的物质基础，控制不住现金流，还款就没有物质来源。因此，银行会高度重视现金流控制问题。

第三，换汇无障碍，本币要给特殊的政策，用来偿还贷款。

在项目的具体操作，基本上有这么几种模式：①财政借款，转贷（on lending）；②不转贷，转投行不行？转投也行，但是不如转贷好；③财政不做借款做担保人行不行？让项目公司或者业主做借款人这种模式也行，但是不如财政做借款人转贷给项目公司或者业主好。

七、研究法律，找好代理

要研究法律，找好代理。一定要找好一流的代理，孙子兵法讲，不用乡导，就不能得地利。找到关键的人才能找到关键的项目。要广交外国朋友，同时，要密切与大使馆、经商处的联系。

参考文献

1. 徐瑜. 孙子兵法：影响全球史的中国谋略. 线装书局，2013

2. （美）杰克·韦尔奇，苏茜·韦尔奇. 赢的答案. 中信出版社，2013

3. 郭化若. 孙子兵法. 上海古籍出版社，2006

4. 张涛. 柳问：柳传志的管理三要素. 浙江人民出版社，2015

5. 金一南. 心胜. 长江文艺出版社，2013

6. （德）马丁. 波斯特. 上海 1000 天：德国大众结缘中国传奇. 中信出版社，2008

7. 刘文栋. 华为的国际化. 海天出版社，2010

8. 鲁桐. WTO 与中国企业国际化. 中共中央党校出版社，2000

9. 李信忠. 华为的思维：解读任正非企业家精神和领导力 DNA. 东方出版社，2007

10. （美）德鲁克. 创新与企业家精神. 机械工业出版社，2007

11. 元轶. 柳传志谈管理. 海天出版社，2009

12. 陶嘉，晓忆. 进军海外如何招贤纳才. 世界经理人，2010

13. 张文儒. 孙子兵法与企业战略. 华夏出版社，2006

14. 展学斌. 孙子兵法的当代文化应用. 山东大学，2009

15. 王少弄．文韬武略：孙子兵法今用．中国商业出版社，2003

16. 杨先举．孙子管理学．中国人民大学出版社，2005

17. 爱其来．孙子兵法精义．中国广播电视出版社，1991

18. 钱亮．10 分钟读懂松下幸之助．中华工商联合出版社，2013

19. （维也纳）彼得．德鲁克．德鲁克管理思想精要．机械工业出版社，2009

20. 龚俊恒．德鲁克管理思想．中国华侨出版社，2013

21. 孙健．海尔的企业文化．北京市企业管理出版社，2002，

22. （美）彼得．德鲁克．管理的实践．机械工业出版社，2017

23. （美）彼得．德鲁克．卓有成效的管理者．机械工业出版社，2017

后 记

从 2007 年 5 月第一次赴非洲到中国进出口银行东南非代表处工作算起，我从事对非洲和亚洲信贷业务工作已十个年头。此间在非洲工作三年，去国外出差，拜访大使馆的经商处，与外国政府有关部门的同仁会谈，到中资企业代表处驻地和项目驻地检查等，认识了许许多多的朋友，也熟悉了企业在海外摸爬滚打，拿项目、干项目的艰辛和喜悦。我经常思考这样一个问题，为什么有的企业在海外搞得风生水起，有的企业却一败涂地？其中有何规律可循？直到有一天，我读了《孙子兵法》，才体会到《孙子兵法》中的许多谋略可以为企业走到海外提供指导。于是我认真研读《孙子兵法》，并结合自己的亲身体验，写了这本小册子。由于才疏学浅，资料有限，又加上具体事务工作十分繁忙，书中难免有不当之处，敬请读者批评指正。

我的同事胡观毅、乔希蕾、杨悦之和我的好友曾从刚、罗全、卞省吾、卢晓伟在材料收集和整理过程中做了许多工作，在此向他们表达真诚的谢意。尤其观毅同志孩子还小，家务事繁多，还专门抽出时间替我整理繁杂的稿件，真是万分感激。

我要借此机会感谢我的家人，正是他们无怨无悔地支持，我才能长期在海外工作，才能有机会直接参与到“一带一路”项目的建设中，对他们的辛苦和无私奉献，我心存感激。

书中所有观点，只是本人一点体会，不代表本人所供职单位的意见。如有差错，概由本人负责。

王法德

2017 年 8 月 26 日于宁波